AF467399

PARTI SOCIALISTE

Section Française de l'Internationale Ouvrière

XIXe CONGRÈS NATIONAL

29, 30, 31 Octobre-1er Novembre 1921

PARIS

RAPPORTS

de la Commission administrative permanente

adoptés dans la Séance du 6 Septembre 1921

Rapport du Groupe socialiste au Parlement

PARIS

LIBRAIRIE POPULAIRE

12, Rue Feydeau, 12

1921

PARTI SOCIALISTE

(Section Française de l'Internationale Ouvrière)

XIXe CONGRÈS NATIONAL

29, 30, 31 Octobre-1er Novembre 1921

PARIS

RAPPORTS

de la Commission administrative permanente

adoptés dans la Séance du 6 Septembre 1921

Rapport du Groupe socialiste au Parlement

PARIS

LIBRAIRIE POPULAIRE

12, Rue Feydeau, 12

1921

RAPPORT MORAL

présenté par Paul Faure, *Secrétaire général du Parti*

On lira plus loin, dans le rapport de notre camarade Hubert Rouger, secrétaire administratif, des détails aussi complets que possible sur l'activité du Parti depuis le Congrès de Tours.

Il n'y a évidemment pas à s'émerveiller sur ce qui a été fait — car on aurait pu beaucoup mieux faire. — Mais les résultats permettent néanmoins de conclure qu'avec une propagande accrue et une bonne volonté résolue, le socialisme français, représenté par notre seul Parti, achèvera de traverser, sans trop de dommages, la redoutable crise ouverte par la scission de Tours. La période aiguë des difficultés est maintenant dépassée, et la « vieille maison », dont notre camarade Léon Blum avait dit que nous serions les gardiens fidèles, si elle a subi quelques brèches que nous nous efforçons de réparer au jour le jour, a retrouvé sa solidité sur ses inébranlables assises.

Chaude a été l'alerte. A la suite du coup de force et du véritable abus de confiance perpétrés par des hommes que le Congrès de Strasbourg avait placés au secrétariat du Parti et à la Direction de l'*Humanité*, une majorité, aveuglée de passion et de sectarisme, s'était constituée, composée surtout d'éléments nouveaux, sans expérience et sans connaissances doctrinales, proie facile pour des démagogues.

Nous n'avons pas à revenir ici sur les polémiques et les débats qui ont abouti à détruire l'unité socialiste en France, comme dans tous les autres pays, où un demi-siècle de longs et pénibles efforts avait réussi à créer de fortes organisations prolétariennes, dont les capacités d'action eussent sans doute, après la guerre, été fort grandes et peut-être décisives. Au lieu de cela, partout, les classes ouvrières divisées, mutilées, ont donné le douloureux spectacle de leur impuissance, au moment historique où probablement pour de longues années se fixait le destin du monde.

Les responsabilités de cette carence, incalculables dans leurs conséquences, devront être établies. On peut dire qu'elles le sont déjà et que le bolchevisme et ses agents, en même temps qu'ils anéantissaient en partie l'œuvre de tout un admirable passé de luttes ouvrières et socialistes, ont apporté une aide efficace à tous les impérialismes, à tous les blocs nationaux, à la contre-révolution internationale.

Les hommes qui ont fait cela, qui ont été les artisans de cette triste besogne, se ressaisiront-ils, comprendront-ils leurs fautes et leurs erreurs devant l'immensité du mal accompli ? Rien encore n'autorise beaucoup d'optimisme à cet égard. Du moins il est permis d'espérer que leurs troupes, dégrisées devant la réalité, se détacheront d'eux de plus en plus et, après usage ou plutôt le non-usage des conditions et thèses dites de Moscou, reviendront aux conceptions de principes et de méthodes qui avaient donné tant de prestige et d'autorité au socialisme international.

C'est à elle que nous nous adresserons, dans les mois qui vont suivre, et aussi aux travailleurs que notre propagande n'avait pas encore atteints. Notre Parti est assez fort maintenant pour continuer avec succès ce travail de redressement et poursuivre sur une échelle de plus en plus grande son rôle éducateur et organisateur des masses.

Difficultés matérielles d'abord. — Le chemin parcouru depuis le début de l'année a été rude. Nos militants des fédérations le savent. Tout était à refaire. Presque tout l'avoir du Parti restait entre les mains des dissidents bolchevistes : *local, meubles, archives, librairie, journal et pas mal d'argent liquide.* Sans doute, le trésorier Grandvallet conservait une somme d'argent — qu'il déclarait d'ailleurs mettre à la disposition d'une commission de liquidation dans le cas d'un accord — mais l'évidence du rapt dont nous étions victimes était tellement éclatante, qu'après quelques entrevues les délégués du Parti nouveau rompaient les pourparlers et répandaient des bruits les plus malhonnêtes sur nous, s'efforçant de nous présenter sous l'aspect d'hommes ayant emporté la caisse. Passons sur ces misères. La calomnie au surplus a fait long feu et les calomniateurs, jusque dans leurs rangs, ont trouvé des résistances et n'ont pas réussi à convaincre leurs adeptes de bonne foi.

Il a fallu trouver un local et cela n'eût pas été facile si nous n'avions pas trouvé un accueil cordial et un refuge dans les locaux du *Populaire*.

Difficultés administratives. — Mais il ne suffisait pas d'avoir un bureau du Parti. Il a fallu recréer de toutes pièces les services administratifs. Nous n'avions naturellement aucun dossier et pas les moindres archives. Nous nous sommes adressés, dès les premiers jours, aux secrétaires fédéraux. Mais ici de nouvelles difficultés nous attendaient. Presque toutes nos fédérations étaient désorganisées au moins autant que l'organisme central. De longs mois se passèrent et ce n'est qu'au fur et à mesure que nos groupements se refaisaient dans les départements que des archives, encore incomplètes, étaient reconstituées, nous donnant les premiers moyens d'une administration régulière.

Difficultés de propagande. — Nos progrès eussent été plus rapides et plus étendus si nous avions pu agir librement et parler aux masses. Mais nos militants ont apprécié les mœurs nouvelles inaugurées à peu près sur tous les points du pays par les bolchevistes. Le sabotage de nos réunions a été organisé systématiquement, surtout dans les premiers temps, et si nous arrivons enfin à nous faire entendre dans les tribunes populaires, cela est dû à l'énergie et à la ténacité de nos conférenciers et aussi au fait caractéristique que les violences des dissidents bolchevistes trouvent de moins en moins d'échos et ont lassé la patience des publics.

Nous avons également beaucoup souffert de l'absence de presse. Jusqu'ici notre *Populaire* a eu un tirage absolument insuffisant, et n'a pu que dans une trop faible mesure résister aux campagnes de fausses nouvelles et de calomnies abominables de l'*Humanité*. Il va être indispensable, dans chacune de nos fédérations, de prendre des mesures pour que notre journal soit lu, répandu, digne par son tirage et son influence de notre grand Parti et de l'idéal socialiste dont il est, comme organe de Paris, le seul interprête. Notre Congrès, à n'en pas douter, exprimera, à cet égard, fortement le devoir de tous.

Ainsi donc, dans les pires des conditions, sous les violences et les injures, presque sans journal, nos militants ont lutté pour le salut de notre vieille organisation et ont su victorieusement repousser les assaillants. Chaque bataille engagée a été pour nous un encouragement. Notre recrutement, pour lent qu'il soit, n'a pas cessé de progresser depuis la scission. Les consultations électorales ont montré, d'autre part, que les masses socialistes n'étaient pas aussi gagnées à la cause du bolchevisme démolisseur que ne cessaient de le dire avec une audace insolente les adeptes moscovites. Au contraire, c'est nous qui l'emportons le plus souvent ou qui conservons une telle influence malgré l'infériorité de nos moyens que nous sommes fondés, dès aujourd'hui, à envisager avec la plus grande confiance et la plus parfaite sérénité les batailles prochaines.

Nos rapports avec les syndicats. — Conformément aux traditionnelles pratiques de notre Parti, nous n'avons pas cessé d'entretenir de fraternels rapports avec la Confédération Générale du Travail. Soucieux d'aider à sauver l'unité confédérale, nous n'avons pas hésité à combattre l'œuvre dissolvante des C. S. R. et à défendre l'Internationale d'Amsterdam qui groupe toutes les forces vives des prolétariats organisés sur le terrain corporatif.

A diverses reprises, nous avons entrepris des actions communes, en plein accord, avec l'organisme central des syndicats français.

Ce fut le cas notamment pour le *problème si délicat des réparations,* pour la *commémoration de la mort de Jaurès,* enfin pour *l'aide à la Russie dans la période de famine et de détresse* que ce grand et malheureux pays traverse.

C'est dans cette direction que nous entendons poursuivre notre politique syndicale, afin d'arriver, tout en respectant l'autonomie de chacun des mouvements, à un maximum d'action commune vers toujours plus d'unité, condition de tout succès, clé de toutes les victoires pour les classes ouvrières.

La politique du Parti. — La scission n'a pas empêché le Parti d'avoir une politique, ou plutôt de continuer la politique qui fut celle de l'unité et qu'illustrèrent à jamais Jaurès, Vaillant et Jules Guesde. Dans le pays, dans les batailles électorales, dans les diverses assemblées municipales ou départementales, à la Chambre, nos militants et nos élus n'ont pas cessé de défendre notre doctrine de totale transformation sociale et en même temps n'ont rien négligé en vue d'améliorer les conditions intellectuelles et matérielles du prolétariat, conciliant ainsi dans une nécessaire synthèse l'action positive pour les réformes et la préparation révolutionnaire.

Nous continuerons dans ce sens avec plus de netteté et de précision encore, et aussi avec plus d'ardeur. Ainsi nous retrouverons de jour en jour davantage la légitime et croissante influence que la scission a pu diminuer, mais qu'elle ne saurait détruire.

Nous serons aidés en cela par la politique intérieure et extérieure de la bourgeoisie, de plus en plus incapable de rétablir un ordre européen autrement que par la violence, et un équilibre financier dans le pays autrement que par des charges accablantes mises toujours sur le dos des contribuables les plus pauvres.

Nous trouverons également à recruter abondamment sans doute dans les troupes de la dissidence bolcheviste désabusées par la rapide faillite moscovite en France et dans le monde. Leurs propres chefs ne savent plus que faire ni où aller. Ils se cognent aux obstacles, ils trébuchent, en attendant qu'ils roulent par terre, comme s'ils allaient dans la nuit, sans boussole et sans direction. Ils clamaient à Tours, qu'à la lumière de Moscou, ils allaient galvaniser les masses par d'éclatantes formules, que débarrassées enfin des réformistes, « agents déterminés de la bourgeoisie », que, paraît-il, nous étions, ils allaient, libres de toute entrave, avoir une politique révolutionnaire, nettoyée des équivoques, des timidités. Tout devait être remis à neuf, le personnel vieilli liquidé, les journalistes insuffisants remplacés, la députation survivante attelée de harnais solides et fouaillée d'un bras vigoureux. Pour bien marquer que s'ouvrait une ère nouvelle, on changeait jusqu'à l'enseigne de la maison : Parti Communiste remplaçait Parti Socialiste. Les titres flamboyants de l'*Humanité* révélaient chaque jour la sensationnelle et étonnante transformation. Quelques mois ont passé et voici que le secrétaire de ce singulier parti, qui avait tout remis en place, idées, principes, choses et gens, écrit dans l'*Internationale,* sous le titre « L'Heure des difficultés », en date du 5 septembre 1921 :

« *Nous n'avons encore ni politique ouvrière, ni politique syndicale, ni politique coopérative, ni politique agraire, ni tactique parlementaire, ni tactique électorale.* »

Quel terrible aveu après huit mois d'existence ! C'était donc pour en arriver là qu'avec un orgueil extraordinaire et ridicule, par la calomnie, les équivoques misérables, la diffamation, on portait une main impie sur l'unité vivante du socialisme !

Ce n'est certes pas la marque d'un trouble de conscience. Mais c'est l'indice certain d'un incroyable désarroi d'esprit et ce sont déjà les symptômes de la banqueroute.

En présence de ce groupement complètement désemparé, sans doctrine et sans méthode, de l'aveu de ses directeurs les plus qualifiés, notre Parti, s'il sait conserver et accentuer une politique nette et claire, avoir une discipline resserrée, s'il sait rester fidèle à sa doctrine et à son glorieux passé, aura tôt fait de ramener à lui les éléments sérieux de la classe ouvrière militante et de retrouver toutes les forces matérielles et morales qui lui permettront de mener comme il convient les nobles combats du socialisme.

Notre position devant l'Internationale. — Nos camarades connaissent les divisions profondes que la guerre et les événements ont apportées dans l'Internationale Ouvrière. Nous avions espéré, après le Congrès de Strasbourg, parvenir, avec la IIIe Internationale, au regroupement de toutes les forces du socialisme et nous étions entrés pour cela en rapports avec le Comité exécutif de Moscou et avec tous les partis ayant quitté la IIe Internationale.

Les documents que nous ont rapportés de Russie nos deux délégués démontrèrent à tout socialiste de bonne foi qu'aucune entente n'était momentanément possible avec ce que l'on a appelé la IIIe Internationale.

Il ne nous restait plus qu'à continuer les pourparlers avec les Partis placés dans notre situation. Une réunion préparatoire eut lieu à Berne, un peu avant le Congrès de Tours, où fut décidée une conférence générale fixée à Vienne. Cette conférence se tint à la fin du mois de février. Nos amis Bracke et Longuet exposeront au Congrès les travaux de cette importante réunion où de nombreux partis étaient représentés.

Une double préoccupation a dominé tout le débat : affirmer la fidélité des partis adhérents à l'Union de Vienne aux principes du socialisme révolutionnaire ; rechercher le moyen de refaire l'unité entre tous ceux qui acceptent ces principes comme base de toute leur action et de toute leur tactique.

C'est dans ce sens que nous entendons poursuivre nos efforts. Il faut se mettre franchement en présence de ce fait historique : l'unité nécessaire du socialisme international a été brisée et il faut la rétablir.

Or, d'une part, la IIe Internationale n'a pas su conserver dans son sein les éléments les meilleurs et les plus combatifs du prolétariat ; d'autre part, la IIIe Internationale, par son sectarisme, son fanatisme, ses erreurs et ses fautes de méthode, ses pratiques de calomnies et d'injures, a écarté ces éléments et n'a recruté que des minorités tapageuses et brouillonnes. Il est donc indispensable de chercher un terrain nouveau où pourront se retrouver et s'unir les socialistes du monde entier. C'est à cette tâche que doit s'atteler l'Union de Vienne. Il ne s'agit nullement, selon nous, d'un groupement dressé contre d'autres groupements rivaux. Notre but est plus vaste et plus haut. Nous voulons collaborer à la recherche de la formule d'une nouvelle Internationale qui ne sera ni la IIe, ni la IIIe, mais qui sera l'Internationale tout court, dans le sein de laquelle se retrouveront toutes les forces saines du prolétariat mondial, réalisant au maximum l'unité du mouvement ouvrier de tous les pays et de toutes les races.

RAPPORT ADMINISTRATIF

présenté par Hubert Rouger, *Secrétaire adjoint du Parti*

A l'issue du Congrès de Tours, les délégués restés fidèles au Parti Socialiste S. F. I. O. réunis à l'hôtel de ville votèrent à l'unanimité le texte suivant :

Camarades,

A peine la majorité du Congrès socialiste de Tours avait-elle voté l'adhésion à l'Internationale communiste que le président de séance s'écriait : « Le parti communiste est fondé ».

Tout ainsi devenait clair pour tous. C'était l'aveu que la majorité avait transformé notre Parti socialiste en Parti communiste.

Nous avions fait depuis des mois, nous venions de faire au Congrès le plus loyal effort pour que l'irréparable ne s'accomplisse pas. Nous avions même offert à la majorité de maintenir au moins ce que nous appelions « l'unité actuelle » du Parti. La majorité préétablie du Congrès a délibérément voté l'adhésion sans réserves à l'Internationale communiste et a refusé, en repoussant la motion Mistral, de maintenir notre unité.

Elle a fait cela, comme tout cela avait été préparé, sur l'ordre et selon les exigences sans appel de Moscou.

Nous avons appris au cours des débats, qu'un représentant occulte du Comité exécutif de l'Internationale communiste ordonnait ce qui devait ou ne devait pas être fait.

Le Congrès enfin a reçu du Comité exécutif et portant la signature de Zinoview et de Lénine, un télégramme outrageant pour les libres socialistes français, pour le libre et fier prolétariat français. La majorité a refusé de rejeter l'outrage.

Notre devoir alors était clair. Nous l'avons accompli d'un cœur ferme. Nous avons quitté la salle du Congrès. Nous avons laissé les communistes tenir leur Congrès ; nous sommes allés continuer celui du Parti socialiste, section française de l'Internationale ouvrière.

Voilà les faits.

Et voici maintenant la vérité : C'est nous qui sommes le Parti socialiste, tel qu'il fut unifié en 1905 par Jaurès, Guesde et Vaillant.

C'est nous qui continuerons à organiser les travailleurs, *tous les travailleurs,* en un parti de classe poursuivant la transformation la plus rapide possible de la société capitaliste en société collectiviste ou communiste.

C'est nous qui travaillerons encore, comme naguère, à l'unité internationale des travailleurs. Le Parti socialiste, avant le Congrès qui l'a transformé, était allé à Berne pour y préparer la conférence de Vienne. Le Parti socialiste, continuant par nous sa vie, ira le 22 février prochain à Vienne préparer la reconstruction de l'Internationale ouvrière, y compris avec les travailleurs organisés déjà dans la IIIe Internationale.

L'unité du socialisme exige en effet une seule Internationale. Nous travaillerons sans relâche à cette unité, de même que nous saurons refaire l'unité nationale en ramenant, un jour prochain, les *dissidents communistes* au sein du Parti socialiste.

Camarades,

Nous aurons à nouveau et bientôt l'occasion de vous parler. Nous n'y manquerons pas.

Pour l'heure, il nous suffira de vous demander de faire votre devoir en restant ou en adhérant au Parti socialiste, dont le secrétaire général est le citoyen Paul Faure, et dont le siège provisoire est 12, rue Feydeau, à Paris (2e).

Mais nous voulons vous dire encore aujourd'hui qu'un autre devoir vous presse. Il est d'imiter ces dockers et ces marins qui, obéissant à l'appel de l'Internationale syndicale, refusent de charger et de transporter des munitions contre la Russie en révolution ; il est de vous opposer sans relâche à toutes les entreprises de la bourgeoisie contre les travailleurs russes ; il est de vous tenir prêts à tout tenter pour garantir la révolution russe, d'être toujours prêts à répondre à tout appel de vos organisations.

Travailleurs de France, unissez-vous dans le Parti socialiste, section française de l'Internationale ouvrière.

Par votre volonté, votre conscience et votre effort, s'uniront à nouveau les travailleurs de tous les pays.

* * *

Il fut décidé que ce texte serait envoyé à toutes les Fédérations et Groupes du Parti.

L'assemblée acclama Paul Faure comme secrétaire général du Parti et nomma la Commission Administrative Permanente qui fut composée de la façon suivante:

Auriol, Bracke, Paul-Boncour, Paul Faure, Goude, Grandvallet, Jules Guesde, Hubert Rouger, Klemczynski, Le Troquer, Gaston Lévy, Jean Longuet, Mauranges, Maurin, Mayéras, Mistral, Paoli, Poisson, Pressemane, Renaudel, Salengro, Sembat, Séverac, Zoretti, *titulaires*.

Berta, Binet, Caille, Dannely, Delépine, Frot, Grumbach, Marquet, Henri Prêté, Ramadier, L. Roland, Saumoneau, Talamas, Uhry, Zyromski, *suppléants*.

Le Groupe parlementaire y sera représenté par Léon Blum et la Fédération des Jeunesses par P. Lainé.

La Commission de contrôle fut composée de la façon suivante: Allinc, Bonnet, Girard, Nantillé, Parmentier, Pécher.

La motion votée à Tours fut publiée dans la presse et envoyée à tous les groupes et fédérations du Parti avec l'appel suivant: *Aux Travailleurs de France:*

Cher Camarade,

Ainsi qu'il était facile de le prévoir, la scission, voulue et exigée par Moscou, est maintenant en France, comme aux Etats-Unis, en Allemagne, en Suisse et en tant d'autres pays, un fait accompli.

Notre grand Parti, unifié par les efforts de Jaurès, de Vaillant, de Jules Guesde, est maintenant divisé.

Tous les hommes de bonne foi savent quels sacrifices, quelles concessions nous avons faits, depuis des mois, pour empêcher cette rupture.

Mais il nous était impossible de suivre plus longtemps ceux qui, soumis aux ordres du Comité exécutif de la IIIe Internationale, acceptaient de déchirer la charte d'Amsterdam, le pacte d'unité, et refusaient de répondre, ainsi qu'il convenait, aux insolences et aux intolérables accusations du télégramme Zinoview, contresigné de tous les membres du Comité exécutif de la IIIe Internationale, à l'exception du citoyen Serrati.

Nous continuons donc le Parti socialiste. Aux thèses, aux statuts, aux conditions de l'Internationale communiste, aux outrages et aux injures de ses chefs, nous opposons le socialisme, avec sa doctrine, ses principes; le vieux socialisme qui conduisit le prolétariat à tant de glorieuses batailles.

Nous nous adressons à vous, cher camarade, en pleine confiance, afin de nous aider à reconstituer rapidement le Parti.

Dans ce but, nous vous invitons à tenir compte des suggestions suivantes :

1° Recueillir autour de vous, sans délai, l'adhésion de tous ceux qui, sur le texte de notre manifeste de Tours et sur la participation aux conférences de Berne et de Vienne, entendent poursuivre l'action nationale et internationale du socialisme ;

2° Reconstituer immédiatement les groupes et sections ;

3° Réorganiser sans tarder un bureau fédéral provisoire chargé d'entrer au plus vite en rapport avec le Secrétariat général, en vue de grouper les commandes de cartes et de timbres, et de prendre toutes mesures nécessaires pour faciliter le regroupement rapide des forces socialistes.

Ceci fait, le Secrétariat général mettra à votre disposition un délégué permanent et un ou plusieurs élus pour une tournée de propagande et pour présider un Congrès fédéral qui devra être convoqué, au plus tard, le 6 février.

Dans le cas où les communistes prendraient l'initiative de convoquer des réunions de groupes, sections ou un Congrès fédéral, vous aurez à examiner si vous avez chance de faire travail utile en assistant à ces réunions et d'entraîner des hésitants dans l'action socialiste à entreprendre partout avec vigueur ; ou s'il est préférable de vous organiser immédiatement, et en dehors de toute autre action, sur notre propre terrain.

Nous vous laissons entièrement libre d'agir suivant des circonstances dont vous êtes le meilleur juge.

Un Conseil national sera convoqué à Paris, le 13 février, pour la désignation des délégués à la Conférence internationale de Vienne.

Nous vous demandons instamment de nous tenir au courant du résultat de vos efforts et sollicitons en même temps vos conseils.

Nous entrons dans cette bataille avec une confiance absolue, car chaque jour nous apporte des adhésions les plus enthousiastes et les plus réconfortantes.

Plus de 50 élus législatifs, des centaines d'élus cantonaux et municipaux, tous les militants les plus éprouvés et les plus dévoués des fédérations sont déjà à nos côtés.

Au travail, camarades, pour sauver le socialisme français et international !

Agréez, cher camarade, nos salutations socialistes et fraternelles.

PAUL FAURE, *secrétaire général.*

Constitution de la C. A. P.

A Tours, la C. A. P. avait constitué son bureau de la façon suivante : Paul Faure, secrétaire général ; Grandvallet, trésorier ; Hubert Rouger, secrétaire adjoint.

Les fonctions de secrétaire administratif du Groupe socialiste au Parlement étaient confirmées à Hubert Rouger, qui assurerait en même temps les fonctions de secrétaire adjoint de la C. A. P.

*
* *

Dans sa réunion tenue à Paris, dès les premiers jours de janvier, la C. A. P. confirmait les désignations faites à Tours, et constituait les Commissions suivantes :

Commission des Finances. — Gaston Lévy, secrétaire ; V. Auriol, Goude, Hubert Rouger, P. Mistral.

Commission de Propagande. — Klemczynski, secrétaire ; Bracke, Grumbach, Hubert Rouger, Jean Longuet, Maurice Maurin, Henri Prêté, Salengro, Zoretti.

Commission des Conflits. — Secrétaire : G. Mauranges ; membres : Grandvallet, Paoli, Le Troquer.

Commission des Archives. — J.-B. Séverac, secrétaire ; Maurin, Mayéras, Renaudel, Sembat.

Commission des Relations internationales. — Bracke, Delépine, Paul Faure, Grumbach, Jean Longuet, Renaudel, Zoretti, Sembat.

Commission de Liquidation. — Paul Faure, Bracke, Grandvallet, Le Troquer, Renaudel et L. Blum, représentant le groupe parlementaire.

Commission de la Presse. — Bracke, Mouret, J. Longuet, Blum, Mauss, Gaillard, Paul Faure, Renaudel, Mauranges, Le Troquer, Paoli, Maurin, Farinet. — Suppléants : R. Evrard, Courmont.

La liquidation de l'avoir du Parti unifié

Parti Socialiste
S. F. I. O.

I

Première réunion de la C. A. P. et du Comité Directeur

Une première entrevue, provoquée par notre C. A. P. eut lieu le lundi 10 janvier, entre la Commission mandatée par la C. A. P. (citoyens Bracke, Paul Faure, Grandvallet, Le Troquer, Pierre Renaudel) et les citoyens Dondicol et Frossard, représentant le Parti Socialiste (S. F. I. C.).

Il n'y fut discuté que sur deux points.

1° La répartition de l'avoir du Parti

Sur la répartition de l'avoir du Parti, en ce qui concerne la caisse centrale, le citoyen Frossard a fait savoir que ses amis envisageaient comme base unique de cette répartition le nombre des mandats qui s'étaient prononcés au Congrès de Tours dans un sens ou dans l'autre. Nous avons répondu que cette base ne pouvait répondre à la réalité. S'il n'était pas possible de savoir au juste comment se répartissaient, non les voix dans le Congrès, mais les militants, à la suite du vote du Congrès, on devait reconnaître que, un très grand nombre de socialistes n'ayant pas pris parti avant Tours, il serait injuste d'agir comme si la distribution des mandats correspondait mathématiquement à une division des militants. Pour écarter les chances d'erreur, il y avait donc lieu de combiner la proportion inexacte avec une autre, afin d'arriver à une approximation équitable.

Nous avons indiqué que la répartition des élus législatifs

fournissait cette base, parce qu'elle représente un effort long, parfois de beaucoup d'années, accompli dans l'Unité par les organisations socialistes fédérales, et profitant au Parti tout entier. Prise seule, elle ne serait pas plus exacte que l'autre, mais, combinée avec elle, elle pouvait servir à la corriger.

C'est pourquoi, à la répartition des deux tiers pour le Parti Communiste contre un tiers pour le Parti Socialiste, nous préférions une répartition de trois cinquièmes contre deux cinquièmes, ne différant d'ailleurs de la première que d'un quinzième.

En ce qui concerne les caisses de Fédérations et de sections, nous avons indiqué que nous étions prêts à inviter toutes les organisations du Parti à s'inspirer de l'esprit de conciliation avec lequel nous nous présentions, sans pourtant oublier que les circonstances locales présentent de notables différences.

2° La question de l'« Humanité »

Sur la question de l'*Humanité,* nous avons pris l'initiative d'une proposition, en annonçant que si elle était acceptée, nous nous prêterions avec la plus grande bonne volonté, aux accords touchant à tous les intérêts matériels qui se rattachent à la constitution du journal. Cette proposition se résume ainsi :

Le titre l'*Humanité,* « fondateur Jean Jaurès », ne sera revendiqué par aucune des deux fractions de l'ancienne unité, ni pour le présent, ni pour l'avenir.

Des engagements seront signés et des mesures seront prises pour que le titre, ainsi réservé, ne puisse être employé sans le consentement réciproque des signataires désignés et mandatés par chacune des fractions.

La condition préalable à ce consentement sera la reconstitution de l'Unité socialiste.

Nous avons déclaré notre intention de rendre publique cette proposition de notre part, particulièrement si elle était refusée.

II

Deuxième réunion

Une deuxième réunion de la C. A. P. et du Comité directeur s'est tenue le jeudi 13 janvier.

Le citoyen Frossard a fait connaître: 1° que le Comité directeur avait décidé de remettre par écrit ses propositions; 2° que la publication en serait faite dès le lendemain.

Après cette lecture, les délégués du Comité directeur (les citoyens Cachin, Antonio Coen, Dondicol, Frossard, Georges Lévy, Vaillant-Couturier) ont fait séance tenante une modification à leur texte. Cette modification tenait compte de la loyauté avec laquelle le trésorier Grandvallet avait agi depuis que la scission s'est produite.

Il a été établi que le trésorier avait, après le Congrès : 1° liquidé toutes les dettes courantes; 2° laissé à la caisse du trésorier du nouveau parti communiste une provision de 1.500 francs; 3° indiqué au citoyen Dondicol qu'une somme de 60.000 francs, remboursable fin décembre, se trouvait en compte à l'*Humanité* où il pouvait en obtenir la disposition.

Enfin le citoyen Grandvallet avait souligné qu'il avait tenu à assurer tous les services jusqu'au 6 janvier.

Les délégués de la C. A. P. ont déclaré qu'ils n'avaient plus qu'à reporter ce texte pour discussion à leur organisation. Ils ont fait observer seulement que la publication immédiate pouvait avoir pour résultat de rendre plus difficiles les pourparlers ultérieurs, mais que leurs propositions étaient destinées, elles aussi, à être rendues publiques au moment opportun.

Réponse du Comité Directeur du Parti Communiste

Avant tous pourparlers, le Parti socialiste (S. F. I. C.) entend affirmer que — tel qu'il est — malgré le départ de certains de ses anciens adhérents, il reste le Parti socialiste. Il est sans exemple qu'un groupement collectif, quel qu'il soit, cesse d'être lui-même parce qu'il a plu à une minorité de ses membres de s'en séparer. Le Congrès du Parti constitue une assemblée générale où les décisions de la majorité ont force obligatoire pour la totalité des adhérents.

Les décisions du Congrès de Tours présentent ce caractère. Les statuts du Parti n'ont d'ailleurs pas encore été modifiés, mais l'eussent-ils été que ces modifications elles-mêmes seraient devenues la loi de tous ses membres, par la volonté nettement exprimée de la majorité.

On ne saurait concevoir que quelques membres se détachant volontairement d'une association quelconque puissent demander la liquidation proportionnelle de leurs droits.

Le Parti socialiste (S. F. I. C.) serait donc strictement autorisé à s'en tenir à cette affirmation de principe et à en poursuivre l'application avec la plus complète rigueur.

Toutefois, dans un large esprit de conciliation et pour éviter entre les deux groupements de basses discussions d'argent, de nature à avilir par des débats inférieurs la divergence et le combat des idées, le Parti socialiste (S. F. I. C.) estime devoir faire au Parti socialiste (S. F. I. O.) les propositions suivantes, dont le caractère d'équité ne paraît pas contestable :

1° Une transaction qui ne serait pas générale n'atteindrait pas le but recherché. Le Parti socialiste (S. F. I. C.) estime donc ne pouvoir entrer en pourparlers que pour régler d'un coup toutes les difficultés d'ordre financier actuellement nées ou à naître, quelles qu'elles soient. Le même principe de justice ne saurait avoir sa valeur pour la caisse nationale et la perdre pour les caisses fédérales ou de sections.

Caisses

2° Une première mesure d'ordre provisoire s'impose.

Le trésorier du Parti, dépositaire des livres à lui confiés, les conservera jusqu'à ce qu'il ait achevé sa comptabilité.

A. — Puis les retournera au siège social, 37, rue Ste-Croix-de-la-Bretonnerie. Ils devront pouvoir y être consultés à son gré par le trésorier du Parti socialiste (S. F. I. O.). Il sera même autorisé à en prendre copie conforme.

B. — Les deniers dont il est dépositaire — soit en sa caisse, soit en compte à l'Union des coopératives — ainsi que ceux qui se trouvent en compte courant à l'*Humanité* devront être d'urgence réunis et déposés à l'Union des coopératives, sous les deux signatures des trésoriers des deux partis. Ils ne pourront, bien entendu, en être décaissés que sur le vu de leurs deux signatures à la fois.

3° *Nous ne pouvons trouver à la liquidation de la caisse qu'une seule solution logique : La répartition au prorata des suffrages obtenus par les diverses motions à Tours.* En effet, les abstentions ne sauraient pas plus entrer en ligne de compte qu'elles ne le font dans n'importe quelle assemblée générale du Parti ou de tout autre groupement.

Que les fonds du Parti comprennent des cotisations d'élus, ne donne pas à ceux-ci le droit de les revendiquer individuellement, pas plus que ce droit n'existe pour la foule des cotisants. Les cotisations versées sont acquises et perdent tout caractère personnel.

4° La même mesure devra s'étendre à tous les groupements du Parti, non pas que nous entendions appliquer la même proposition que pour la caisse centrale. Mais nous croyons juste de répartir les caisses fédérales et les caisses de sections au prorata des suffrages obtenus par les diverses motions dans chacun des groupements dont la caisse est à liquider.

Journaux

5° Le Parti socialiste (S. F. I. C.) fait observer que la *répartition de fait* des journaux quotidiens du Parti ne correspond pas à la répartition des suffrages. Cinq quotidiens de province, sur six, sont restés entre les mains de la minorité. L'*Humanité*, par contre, se trouve entre les nôtres. Nous proposons le maintien du statu quo au point de vue de la direction politique et de la propriété de ces divers quotidiens. Financièrement, la liquidation après inventaire des droits du Parti et la répartition selon la même formule que plus haut.

Le *Populaire de Paris* reste entre les mains du Parti socialiste (S. F. I. O.). Les créances du Parti dans ce journal devront être liquidées de la même manière et réparties sur les mêmes bases.

Les actionnaires du *Populaire* appartenant au Parti (S.F.I.C.) seront remboursés par une quantité équivalente d'actions de l'*Humanité* appartenant à des membres du Parti (S. F. I. O).

Le Parti socialiste (S. F. I. C.) refuse formellement et définitivement de céder ou d'abandonner le titre « l'Humanité ».

Il estime que ce titre est la propriété incontestable du Parti. Fidèle à la tradition de son fondateur, dont la pensée ne saurait être le monopole de personne, il croirait manquer au premier de ses devoirs en laissant disparaître le plus vivant souvenir de Jaurès. Il estime que l'*Humanité* ne peut cesser d'être le journal qui exprime et exprimera toujours les aspirations de la majorité du Parti — dans la plus pure et la plus haute tradition révolutionnaire.

Renoncer à ce titre constituerait pour lui une déchéance de pensée — une déchéance telle qu'il ne peut un seul instant retenir cette hypothèse.

Ennemis de la diplomatie secrète, nous pensons devoir tenir le prolétariat et les membres du Parti au courant des pourparlers actuels. Nos offres, inspirées du souci de régler dans un esprit de conciliation tous les litiges d'ordre matériel pendants entre nous, démontrent à l'évidence leur caractère plus qu'équitable.

Nous les ferons connaître demain au grand public ouvrier et socialiste (1).

Parti Socialiste
S. F. I. O.

—

Réponse aux propositions écrites du Comité Directeur Communiste

La C. A. P. juge inutile et superflu d'entamer une discussion sur la légitimité respective des Partis en présence, en répondant à ce qui est dit à ce sujet par le Comité directeur. Ayant conscience que le Parti socialiste (S.F.I.O.) reste fidèle aux résolutions du Congrès d'Amsterdam comme au Pacte d'unité de 1905 qui en fut la conséquence, elle n'envisage les négociations engagées avec les représentants du Parti communiste que comme un moyen de liquider des intérêts qui étaient communs, et qu'il faut traiter avec le seul souci de l'équité, sans qu'il y ait lieu à étalage démagogique, ni sans y chercher des raisons de querelles complémentaires.

C'est dans cet esprit qu'elle fait, sur le document paru dans l'*Humanité* du 14 janvier, les observations suivantes :

A. — Caisses, Livres, Répartition

1° Nous persistons à croire qu'une règle uniforme de répartition en ce qui concerne les fonds de l'organisme central et des fédérations ou des sections, ne saurait être adoptée sans injustice ou inexactitude, ces différentes ressources ayant des origines et des constitutions fort diverses. Ce qui peut être fait, c'est ce que nous avons proposé, comme on l'a vu plus haut : amener tous les organismes à s'inspirer d'un même esprit de conciliation ;

2° Nous sommes d'accord pour reconnaître que les livres doivent revenir au Parti communiste, une fois la comptabilité

(1) Le présent document remis à la délégation du Parti Socialiste S. F. I. O. fut publié par l'*Humanité* du 14 janvier 1921.

arrêtée par le trésorier. C'est ce qui sera réalisé, selon le paragraphe A, ainsi qu'il a été convenu sans difficulté.

Quant aux fonds, le procédé proposé au paragraphe B ne paraît pas le meilleur pour garantir tous les intérêts. L'obligation d'établir un compte courant sous deux signatures aurait le grave inconvénient d'immobiliser toutes les ressources en cas de désaccord. Il serait bien préférable de convenir que chaque Parti est autorisé à disposer dès maintenant, sous sa responsabilité, d'une part proportionnelle à son droit reconnu. Cette convention porterait sur l'argent liquide actuellement plus facilement accessible à chacun : les 60.000 francs en compte à l'*Humanité* pour le Parti communiste, et la somme constituée par la caisse aux mains du trésorier et le dépôt en compte courant au Magasin de Gros pour le Parti socialiste.

Mais cette question peut être d'ailleurs discutée à nouveau pour arriver à un arrangement acceptable de part et d'autre ;

3° Il n'est pas exact que, dans notre proposition rappelée plus haut, au point de vue de la répartition des fonds centraux, nous ayons voulu « faire entrer en ligne de compte les abstentions ». Nous avons simplement constaté une réalité : le prorata demandé ne correspond nullement au droit des forces en présence. Le raisonnement s'applique à plus forte raison en ce qui concerne les ressources des organisations fédérales ou locales.

Il ne s'agit pas de savoir comment se sont divisées les voix dans un Congrès, mais comment se distribuent les militants qui passent au Parti communiste et ceux qui restent fidèles au Parti socialiste. Ce compte, que ne pourrait faire, dans le moment présent, l'organisme central, est au contraire facile aux sections et aux fédérations, qui connaissent leur personnel socialiste.

Au reste, les avoirs des sections et des fédérations sont le résultat d'un travail d'organisation et de propagande ayant duré dix, vingt, quelquefois trente années. Pour être équitable, la répartition des fonds, au moment de la division, devrait être basée sur le nombre d'années de présence au Parti, c'est-à-dire de participation à ce travail, représenté par le total des cotisants groupés dans chaque fraction de l'Unité, brisée par la volonté de Moscou ;

4° Il est encore plus inexact de parler de « revendication individuelle » à propos de ce que nous avons dit au sujet des cotisations d'élus. Pas plus que chaque militant, chaque élu ne songe à revendiquer quoi que ce soit. Nous avons seulement offert un moyen de corriger une base insuffisante de répartition, en rappelant que la proportion des sièges conquis de haute lutte pouvait servir, jusqu'à un certain point, de mesure à la collaboration dans les efforts communs du Parti.

Nous persistons à croire que la base de répartition proposée, peu conforme à l'équité en ce qui concerne la caisse centrale, est absolument inacceptable pour les fonds des fédérations et sections. Il faut laisser à celles-ci la liberté de régler la question équitablement selon les circonstances spéciales où elles se trouvent.

B. — Matériel et Archives, Local

Il est évident que le règlement qui aura été adopté pour la répartition des fonds du Parti s'appliquera sans peine à tout ce qui constitue son avoir, en ce qui concerne le matériel et les objets qui, sans se prêter à une division directe, sont susceptibles d'une évaluation et par conséquent d'un partage.

Mais le document du Parti communiste ne parle pas des *archives*, propriété évidemment commune, pour laquelle il faudra prendre des mesures en en assurant à chacune des parties l'accès et l'usage. Cela est facile, et le Parti socialiste, pour sa part, est disposé à rechercher, là comme ailleurs, sous quelque forme que ce soit, une solution de nature à garantir l'intérêt respectif des uns et des autres.

Enfin, le document ne parle pas non plus du *local*.

Mais d'après le compte rendu publié par l'*Humanité* du 17 janvier, le citoyen Antonio Coen, au Congrès de la Fédération de la Seine (S.F.I.C.), aurait dit que le Parti socialiste réclamait « l'abandon des locaux de la rue Sainte-Croix-de-la-Bretonnerie ».

Nous devons opposer à ce dire un démenti formel. La question du local n'a été posée ni directement ni indirectement, à aucun moment, et nous déclarons que sur ce point comme sur tous les autres, nous sommes disposés à l'attitude susceptible de créer le moins de difficultés.

C. — Journaux

C'est par un artifice de discussion insoutenable que l'on établit une assimilation et une sorte de compensation entre l'*Humanité* et d'autres journaux du Parti, comme le *Populaire* ou les quotidiens existant en province.

L'*Humanité*, qui est en fait la propriété légale de « La Société Nouvelle du journal l'*Humanité* », est le seul organe qui soit statutairement et réellement, par la part qu'ils y ont financièrement et administrativement, la propriété des organismes économiques et politiques de la classe ouvrière française (Parti socialiste, section française de l'Internationale Ouvrière; Syndicats; Coopératives).

Le *Populaire* a été créé par une société privée.

Les quotidiens de province, huit, puisqu'il y faut, bien entendu, comprendre ceux qui se publient en Alsace et en Lorraine, ont des constitutions fort diverses; plusieurs ne sont même pas la propriété de la fédération où ils paraissent.

Seuls les prêts ou avances consentis par le Parti soit à un de ces journaux, soit à leur imprimerie, soit à la fédération dont ils dépendent, avec l'indication d'employer ces fonds à la destination spéciale d'une aide à la presse régionale, rentrent naturellement dans l'actif du Parti à répartir.

On ne voit bien enfin, pourquoi le Parti communiste, dans ses propositions, s'arrête aux quotidiens, sans considérer aussi l'existence des hebdomadaires socialistes assez nombreux, dont quelques-uns appartiennent à des fédérations.

Pour nous, qui n'entendons en rien soulever « de basses discussions d'argent », nous n'avons fait, en cette matière, une proposition qu'en l'appuyant sur des motifs moraux et où l'intérêt n'a rien à voir.

Le sens de cette proposition, le voici :

L'Humanité *a été fondée par Jean Jaurès. Elle a été entre ses mains l'instrument de l'Unité socialiste. Il l'a fait vivre par l'Unité et pour l'Unité.*

Telles sont les deux considérations morales qui nous ont inspirés.

Il a semblé au Parti socialiste que le vœu de Jaurès serait que son œuvre ne pût servir de prétexte au déchirement du Parti.

De même c'est, selon le Parti socialiste, conserver et marquer l'espoir de voir un jour renaître l'unité que de déclarer — avant que l'*Humanité* soit devenue complètement l'organe même de la division — que le journal du maître disparu pourra, si on le veut, redevenir l'organe des fractions réconciliées dans le souvenir de Jaurès et dans la lutte commune pour la réalisation socialiste.

Le Parti socialiste pense qu'adopter une telle solution serait écarter le plus sûrement toutes discussions âpres entre les deux fractions, car pour sa part, dans ce problème de l'*Humanité,* il n'attache de prix qu'à la question morale, et il est prêt à faire, pour faciliter les accords sur tous les points matériels, les concessions les plus décisives.

Il prie, au surplus, qu'on n'oublie pas que les actionnaires socialistes de la première heure de l'*Humanité,* ceux qui l'ont aidée de leurs sacrifices, conservent sur le journal des droits dont ils ne peuvent pas être dépouillés commodément.

Il prie enfin qu'on observe, pour reprendre un mot de la Réponse du Parti Communiste aux propositions faites, que c'est précisément parce que « la pensée de Jaurès ne saurait être le monopole de personne », que la solution envisagée est la plus noble, la plus loyale, la plus digne du fondateur de l'*Humanité*. Et il paraîtra sans doute assez paradoxal qu'on s'appuie sur l'idée que son œuvre n'est le monopole de personne, au moment même où elle serait monopolisée en fait.

S'il devait en être ainsi, le Parti Socialiste ne considérerait pas moins que le Parti Communiste comme une déchéance l'abandon de l'œuvre et de la pensée de Jaurès avec lesquelles il se croit d'accord jusque dans le sentiment de l'Unité qu'il n'a pas dépendu de nous de maintenir.

Ce document a été discuté et adopté à l'unanimité par la C. A. P. du Parti Socialiste dans sa séance du mardi 18 janvier.

Signé : *La C. A. P.*

Lettre et réponse du Parti Communiste

PARTI SOCIALISTE
S. F. I. C.

—

Paris, le 25 janvier 1921.

Citoyen Paul Faure,
Secrétaire,
Parti Socialiste S. F. I. O.

Citoyen Secrétaire,

En réponse à votre lettre, je vous avise que le Comité Directeur du Parti Socialiste S. F. I. C., dans sa séance du lundi 24, a décidé de vous faire parvenir la décision ci-jointe prise à l'unanimité.

Salutations socialistes.

Le Secrétaire intérimaire,
Signé : VAILLANT-COUTURIER.

Réponse aux dissidents

Le Congrès de Saint-Quentin, sur la proposition de Jaurès, avait décidé que l'assemblée générale des actionnaires de l'*Humanité* devait entériner la désignation du Conseil d'administration faite par le Congrès National, condition indispensable pour que l'*Humanité* soit vraiment l'organe du Parti.

Quittant ce terrain de légalité socialiste pour se placer sur le terrain de la législation bourgeoise, les dissidents ont tenté d'opposer au Conseil d'administration régulier élu à Tours le

Conseil périmé nommé par le Congrès de Strasbourg. Ils ont prétendu dresser l'assemblée générale des actionnaires de l'*Humanité* contre les décisions du Parti.

Le Comité Directeur :

1° Estime que le fait de porter le débat sur le terrain de la chicane bourgeoise signifie la rupture de toutes négociations ;

2° Dénonce l'indélicatesse de ceux qui se sont emparés des livres comptables et de la somme de 60.000 francs, montant de la caisse du Parti, ne laissant que la somme dérisoire de 1.500 francs et négligeant de régulariser la situation dans les délais consentis ;

3° Il somme les dissidents de restituer immédiatement le contenu du coffre-fort, ainsi que la somme d'argent due par eux, d'après la répartition basée sur les votes de Tours.

LE COMITÉ DIRECTEUR.

PARTI SOCIALISTE
S. F. I. O.

—

Paris, le 2 mars 1921.

Citoyen Frossard,
37, rue Sainte-Croix-de-la-Bretonnerie
Paris (*IVe*).

Citoyen,

Veuillez trouver inclus — en réponse à la dernière communication du Comité Directeur du Parti Communiste relative à la liquidation de l'avoir du Parti Socialiste unifié — le texte voté à l'unanimité par la C. A. P. dans sa dernière séance.

Je vous prie de la soumettre au Comité Directeur et de nous faire connaître sa réponse précise.

Salutations socialistes.

Le Secrétaire général du Parti Socialiste,
Signé : PAUL FAURE.

La « C. A. P. » du Parti Socialiste (Section Française de l'Internationale Ouvrière) prend acte de la dernière « Réponse » publiée par le Comité Directeur du Parti Socialiste (Section Française de l'Internationale Communiste), à propos des négociations engagées de part et d'autre.

Elle n'opposera pas plus qu'auparavant les injures aux injures. Elle tient seulement, fidèle à la ligne de conduite qui lui a été tracée dès la fin du Congrès de Tours, à établir clairement l'attitude qu'elle a prise dans les pourparlers et les échanges de documents ainsi qu'à réclamer des explications nettes sur la suite à y donner.

Tout d'abord faut-il, comme paraît l'indiquer une phrase du paragraphe 1° de la « Réponse », admettre que le Comité Directeur du Parti Communiste considère comme acquise « la rupture de toutes négociations » ? Il y aurait alors contradiction, semble-t-il, entre ce paragraphe 1° et le paragraphe 3° où le Parti Socialiste est « sommé » d'opérer une répartition d'avoir sur une base qui était précisément en discussion dans les négociations engagées et non terminées.

La C. A. P. a le droit, à ce sujet, de demander une réponse claire et formelle et elle la demande, en effet.

En attendant, elle rappelle qu'en ce qui concerne l'*Humanité,* loin de faire appel à la « chicane bourgeoise », elle a offert, dès le premier moment, le seul moyen honorable de mettre le nom de Jean Jaurès et le titre de l'organe fondé par lui au-dessus de toutes discussions et querelles. Que proposait-elle, en effet ?

Qu'il y eut, de la part de tous les éléments de l'unité socialiste rompue, renonciation au titre de « l'*Humanité,* fondateur Jean Jaurès », jusqu'au moment, désiré de tous, où l'unité pourrait se reformer et reprendre alors, pour l'arborer au-dessus d'elle, le titre glorieux qui avait servi à la préparer, à la renforcer et à la faire vivre.

Elle disait au Parti Communiste que si, en repliant ainsi d'un commun accord le drapeau collectif et toutes garanties prises pour que nul ne pût s'en emparer indûment, il consentait à reconnaître le fait incontestable de la rupture de l'unité socialiste en France, il ne démontrerait pas seulement son attachement au but voulu toute sa vie par Jaurès, il n'en rapprocherait pas seulement la réalisation dans l'avenir, mais encore il écarterait toutes sortes de difficultés pour le présent.

Tout d'abord, il se trouvait en présence de la déclaration précise faite par la C. A. P. au nom du Parti Socialiste S. F. I. O., que le titre et le nom du fondateur ainsi mis en réserve, le Parti Communiste gardait la disposition du journal avec tous ses services et ses moyens de diffusion et de propagande. De plus, il éviterait, par cet accord logique et simple, tous les embarras éventuels qui pourraient provenir des droits des actionnaires fondateurs du journal.

La demande de la C. A. P., qu'elle maintient fermement, a été présentée comme une tentative en vue de s'emparer du journal l'*Humanité,* alors qu'elle était tout le contraire. On en a laissé ignorer aux lecteurs de l'*Humanité* le sens et la lettre, en se dérobant, malgré l'engagement formel pris au Conseil d'administration par le directeur politique du journal, au devoir de publier le texte du document où étaient exposées les propositions de la C. A. P.

Ce procédé a permis de donner crédit à des imputations fausses sur ce sujet, comme sur d'autres qui seront signalées plus bas.

Voici, pour répondre aux contre-vérités, le texte même de la proposition visant l'*Humanité* que la C. A. P. avait communiquée au Parti Communiste :

« Le titre « l'*Humanité*, fondateur Jean Jaurès », ne sera revendiqué par aucune des deux fractions de l'ancienne unité, ni pour le présent, ni pour l'avenir.

« Des engagements seront signés et des mesures seront prises pour que le titre ainsi réservé ne puisse être employé sans le consentement réciproque des signataires désignés et mandatés par chacune des fractions.

« La condition préalable à ce consentement sera la reconstitution de l'unité socialiste. »

On n'a pas présenté moins inexactement l'attitude prise par les membres du Conseil d'administration de l'*Humanité* et les actionnaires lors de l'assemblée générale de la Société nouvelle *l'Humanité*, convoquée irrégulièrement, non pas au point de vue de la « chicane bourgeoise », mais au point de vue des droits de tous ceux qui avaient contribué à fonder et plus tard à mettre au service du Parti le journal fondé par Jaurès.

Il n'était pas question pour eux de disputer la possession du journal. Ils déclarèrent, au contraire, à l'assemblée même, ne pas entendre faire une obstruction quelconque au fonctionnement de l'*Humanité*.

Ce qu'ils demandaient, c'est qu'une assemblée convoquée régulièrement eût lieu quand on saurait s'il pouvait y avoir ou non accord sur les propositions faites, soit à la fin des négociations, soit au cours de ces négociations mêmes. Rien n'est plus faux que de parler à ce propos « d'actionnaires privilégiés ». Les actionnaires en question étaient ceux qui avaient, par leur sacrifice et leur exemple, acquis des droits réels dont ils s'étaient volontairement, après le Congrès de Saint-Quentin, dépossédés au profit, non d'un Parti quelconque, mais de l'unité socialiste au nom de laquelle Jaurès leur avait fait appel.

Là encore, toute difficulté eût été levée si l'on avait voulu soustraire le nom et l'œuvre de Jaurès aux dissensions et aux querelles, selon une solution à la fois juste et noble.

Les faits ont été travestis d'une manière analogue et encore plus calomnieuse pour ce qui touche l'avoir du Parti. On n'a pas craint, par une campagne diffamatoire, de mettre en question l'honorabilité du citoyen Grandvallet, trésorier du Parti Socialiste S. F. I. O., après comme avant Tours. Cependant, lors de la deuxième entrevue entre les délégués du Parti Socialiste et ceux du Parti Communiste chargés de discuter une base d'arrangement, ceux-ci avaient dû, devant les explications données, retrancher de leurs propositions écrites les imputations émises contre Grandvallet.

La publication, promise, nous le répétons, et non réalisée, de la réponse de la C. A. P., aurait coupé court à la diffusion de ces diffamations perfides. On a mieux aimé les laisser courir et faire leur chemin.

La vérité est celle-ci :

Au moment où, à la suite du Congrès de Tours, le trésorier Grandvallet a cessé d'assurer les services et les a remis au citoyen Dondicol, trésorier du Parti Communiste, il avait réglé 20.000 fr. de factures au moyen d'une somme qui provenait de la commande, faite par la Fédération du Nord, de 10.000 cartes et 100.000 timbres; il laissait ainsi une situation libre de dettes. Il remettait ensuite au citoyen Dondicol une somme de 1.580 francs pour parer à des dépenses courantes et lui indiquait qu'un dépôt en compte courant de 60.000 francs se trouvait à l'administration de l'*Humanité*, en représentation d'un prêt fait par le trésorier au journal pour un achat de papier et remboursable à partir du 15 décembre 1920.

Grandvallet, comme trésorier du Parti, se trouvait d'autre part titulaire d'un autre dépôt en compte courant, au Magasin de Gros, presque équivalent, puisqu'il se montait à 61.500 francs. Cela, avant tous arrangements relatifs à la répartition à faire des fonds ou avoir du Parti Socialiste entre les fractions constituées à la suite du Congrès de Tours. Il est bon de dire que ce dépôt est toujours intact, sans qu'un centime en ait été distrait pour le regroupement du Parti Socialiste S. F. I. O.

En somme, si l'hypothèse où les négociations seraient définitivement rompues par la volonté du Parti Communiste se réalisait, celui-ci aurait donc gardé en sa possession presque tout l'avoir du Parti qui se décompose ainsi :

Remis à Dondicol	1.580	»
Dépôt à l'*Humanité*, remboursable à partir du 15 décembre 1920.	60.000	»
Dépôt à l'*Humanité*, souscription dite du « Million », part affectée à la caisse électorale	26.412	95
Prix de cession de la librairie du Parti faite à l'*Humanité* et dont le Parti n'a pas été remboursé	23.721	55
150.000 cartes	10.000	»
2 millions de timbres	2.266	»
Matériel du siège du Parti (au minimum)	120.000	»

2.224 actions de l'*Humanité*, propriété du Parti dans son ensemble, dont le porteur est Camélinat, qui, à l'Assemblée générale dernière, les a partagées, au prorata des votes de Tours, en deux tiers (1.557) et un tiers (667) respectivement pour chacune des deux fractions................ 58.200 »

1.080 actions de l'*Humanité*, propriété du Parti dans son ensemble, provenant des partis démocrates-socialistes d'Allemagne et d'Autriche, mises au nom de Ph. Landrieu, qui, à l'Assemblée générale, en a disposé en bloc pour la majorité de Tours

Dans ce compte, on ne fait pas entrer la valeur du journal l'*Humanité*, puisque, d'après la proposition faite par la C. A. P. au sujet du titre et du nom du fondateur, en cas d'accord, toute revendication de ce chef serait écartée.

On ne tient non plus aucun compte des avances votées par le Parti à l'*Humanité*, remboursables quand il serait possible, et qui se montent à la somme de 262.342 fr. 75.

On voit par là quel fond il faut faire sur les bruits répandus au sujet de l'appropriation de la « caisse » et de « l'avoir » du Parti par la Section française de l'Internationale Ouvrière. S'il y avait soustraction — on a dit « vol » — ce ne serait pas de son côté.

Dans le cas où, les négociations ne devant pas être rompues, mais des pourparlers étant, au contraire, repris, et à supposer que la proposition de répartition proportionnellement au vote de Tours, sur laquelle la discussion était ouverte, fût même acceptée, la somme de 61.500 francs en compte courant au Magasin de Gros à la disposition de Grandvallet — intacte il faut le redire — serait très loin de correspondre à la part d'un tiers que le Parti communiste entendait assigner au Parti socialiste (S.F.I.O.). C'est ainsi le Parti communiste qui resterait débiteur de ce dernier.

En résumé, plus que jamais, la C. A. P. tient à établir :

1° Qu'elle ne s'est jamais écartée de l'esprit de conciliation qui l'a inspirée en ce qui concerne les répartitions éventuelles ;

2° Qu'en ce qui touche le titre de l'*Humanité* et le nom de son fondateur Jean Jaurès, sa proposition est maintenue par elle, comme étant la seule digne de socialistes soucieux de l'unité des organisations ouvrières à assurer et la seule susceptible de sauvegarder l'avenir.

La responsabilité du rejet de cette proposition comme de ses suites et de la rupture des négociations engagées, si elle se confirme, sera entièrement assumée par le Parti communiste.

PARTI SOCIALISTE
S. F. I. C.

Paris, le 5 mars 1921.

Citoyen Paul Faure,
rue Feydeau,
Paris (IIe).

Citoyen,

Je vous accuse réception de la communication que vous voulez bien me transmettre au nom de votre C. A. P. J'en donnerai connaissance au Comité directeur du Parti socialiste dans sa prochaine réunion.

Salutations socialistes.

Le secrétaire général du Parti,
Signé : L.-O. FROSSARD.

* * *

PARTI SOCIALISTE
S. F. I. O.

Paris, le 20 avril 1921.

Citoyen,

Par lettre du 2 mars je vous ai fait parvenir la réponse du Parti socialiste S. F. I. O concernant les divers litiges qui résultent de la scission.

Vous nous aviez annoncé, par lettre du 5 mars, que vous soumettriez ce document à votre Comité directeur. Depuis nous n'avons plus entendu parler de rien.

La C. A. P. me prie de vous demander comment elle doit interpréter votre silence.

Salutations socialistes.

Le secrétaire général du Parti socialiste,
Signé : PAUL FAURE.

Aucune réponse ne fut faite à la lettre de Paul Faure datée du 20 avril.

Bien entendu l'*Humanité* se refusa à publier les documents du Parti socialiste S. F. I. O qui réduisaient à néant les calomnies du Comité directeur, comme elle se refusa à publier la lettre de Grandvallet qui répondait à ses diffamateurs (1).

Les pourparlers furent donc rompus par le Parti S. F. I. C.

(1) Le rapport de la Trésorerie contiendra la Réponse de notre camarade Grandvallet.

Les effectifs du Parti

A l'appel de la C. A. P., nommée à Tours, les vieux militants du Parti répondirent avec empressement; partout ils se mirent à l'œuvre dans les Fédérations.

Au Conseil National du 13 février, 54 Fédérations étaient reconstituées et le Parti comptait des adhérents dans 78 départements.

Aujourd'hui, 68 Fédérations fonctionnent avec les secrétaires et trésoriers fédéraux suivants:

AIN. — Secr.: *Odru,* 8, faubourg de Lyon, Bourg; trés.: *Klemczynski,* impasse Lazare-Carnot.

AISNE. — Secr.: *Dutilleul,* adjoint au maire, Saint-Quentin; trés.: *Lemoine,* 20, rue Croix-Belle-Porte.

ALLIER. — Secr.: Fouilland, 37, rue du Blauzat, Montluçon; trés.: *Dumazet,* rue de la République, Commentry.

ALGÉRIE. — Secr.: *Cayron,* 7, rue Riégo, Alger; trés.: *Vandorme,* boul. Bois-la-Reine, villa Léonie, Alger.

ALPES (HAUTES-). — Secr.: *Ch. Antiq,* ex-conseiller général, *Ribiers;* trés.: *A. Bompard,* Châteauneuf-de-Chabre.

ARDENNES. — Secr.: *Lainel,* place Ducale, Charleville; trés.: *Lainel,* Charleville.

ARIÈGE. — Secr.: *Alph. Calmette,* 8, av. de la Gare, Foix; trés.: *Conte,* 8, avenue de la Gare, Foix.

AUDE. — Secr.: *Dr Ferroul,* maire, Narbonne; trés.: *Simon Castan,* Narbonne.

AVEYRON. — Secr. *Rives,* à Chantagrel, Decazeville; trés.: *Boutonnet,* Fontvergnes.

BOUCHES-DU-RHÔNE. — Secr.: *Léon Bon,* 6, cours Saint-Louis, Marseille; trés.: *Bernardi,* 6, cours Saint-Louis, Marseille.

CALVADOS. — Secr.: *Henry Verger,* 14, rue Basse, Caen; trés.: *Buignazet,* La Maladrerie, par Caen.

CANTAL. — Secr.: *Bos,* 10, rue de l'Egalité, Aurillac; trés.: *Baudel,* tailleur.

CHARENTE. — Secr.: *Rebeix,* 8, rue Turenne, Angoulême; trés.: *Lacave,* rue de Bassan.

CHARENTE-INFÉRIEURE. — Secr.: *P. Pommier,* 3, rue de la République, Rochefort; trés.: *Cossevin,* 33, rue Barbès.

CHER. — Secr.: *H. Laudier,* maire, Bourges; trés.: *Rougeron,* conseiller municipal.

CORRÈZE. — Secr.: *Malaure,* 14, aven. de la Gare, Brive; trés.: *J. Vayssé,* 1, rue Dr-Valette, Tulle.

CÔTES-DU-NORD. — Secr.: *H. Pasquiou,* rue de Cuverville, Saint-Brieuc; trés.: *P. Vaillant,* Avranches.

CREUSE. — Secr.: *C. Benassy,* cons. gén., Guéret; trés.: *A. Desmoulins,* route de Clermont.

DORDOGNE. — Secr.: *Clément Michel,* aux Farges, par Montignac; trés.: *Jarland,* Périgueux.

DOUBS. — Secr.: *L. Dugeois,* 22, rue de la République, Besançon; trés,: *Dugeois.*

EURE-ET-LOIR. — Secr.: *Raymond Berenger,* Nonancourt; trés.: *Pierre Joseph,* 10, rue de Flandre, Dreux.

FINISTÈRE. — Secr.: *Léon Nardon,* maire de Brest; trés.: *Le Gall,* 16, rue Bugeaud, Brest.

GARD. — Secr.: *Louis Bieau,* mairie de Nîmes; trés.: *J. Sugier,* 50, ch. de Montpellier.

GARONNE (HAUTE-). — Secr.: *E. Berlia,* 36, rue Roquelaine, Toulouse; trés.: *D. Rieu,* 36, rue Roquelaine.

GIRONDE. — Sec.: *Marquet,* 10, rue Porte-Dijeaux, Bordeaux; trés.: *Pinèdre,* 10, rue Porte-Dijeaux, Bordeaux.

GERS. — Secr.: *J. Monties,* Fleurance; trés.: *Fourcade,* Fleurance.

HÉRAULT. — Secr.: *C. Reboul,* 3, rue Carlencas, Montpellier; trés.: *Foucaud,* 2, rue Arquebuse.

INDRE. — Secr.: *O. Martinet,* pharmacien, Issoudun; trés.: *O. Martinet.*

INDRE-ET-LOIRE. — Secr.: *E. Brigault,* 23, place Velpau, Tours; trés.: *Grossein,* 80, rue Victor-Hugo.

ILLE-ET-VILAINE. — Secr.: *Lepouriel,* rue Général-Chanzy, Fougères; trés.: *Le Clainche,* 35, faubourg de Nantes, Rennes.

ISÈRE. — Secr.: *E. Bouteins* et *J.-L. Chastanet,* 7, rue A.-Bergès, Grenoble; trés.: *Ravanat,* 7, rue A.-Bergès.

LOIRE-INFÉRIEURE. — Secr.: *E. Dalby,* 23, quai Malakoff, Nantes; trés.: *R. Laporte,* 11, rue des Rochettes.

LOIRET. — Secr.: *Boivin,* 50, boulevard de Châteaudun, Orléans; trés.: *Migneau,* 3, rue de la République.

LOT-ET-GARONNE. — Secr.: *Dubourg,* cons. gén., Tonneins; trés.: *Mouret,* rue des Acacias, Tonneins.

LOIR-ET-CHER. — Secr.: *Besnard Ferron,* cons. gén., Villiers; trés.: *F. Rivière,* Blois.

Marne. — Secr.: *J. Lobet,* La villa d'Ay; trés: *M. Hobert,* cons. mun., Reims.

Maine-et-Loire. — Secr.: *L. Chevalley,* 37, boulevard de Saumur, Angers; trés.: *E. Chiron,* 8, rue du Commerce.

Meuse. — Secr.: *Robert,* rue de Popey, Bar-le-Duc; trés.: *Masse,* 49, rue Bradfer.

Morbihan. — Secr.: *L. Creen,* cons. mun., Larmor; trés.: *Brient,* cons. mun., Lorient.

Nièvre. — Secr.: *Roussillon,* 14, rue de Remigny, Nevers; trés.: *Roussillon,* 17, rue du Commerce.

Nord. — Secr.: *R. Salengro,* 87, rue Esquermoise, Lille; trés.: *Louis Louis,* 87, rue Esquermoise.

Oise. — Secr.: *P. Ruillier,* rue du Bois-Saint-Denis, Chantilly; trés: *Jean Gédeon,* La Boissière.

Orne. — Secr.: *H. Fouladoux,* 117, rue des Tisons, Alençon; trés.: *Cottin,* 30, rue du Contentin.

Pas-de-Calais. — Secr.: *R. Evrard,* 48, rue Michelet, Béthune; trés.: *L. Blassèle,* 50, rue Michelet.

Pyrénées (Basses-). — Secr.: *Privat,* Salles Mongiscard, par Baigts; trés.: *E. Privat,* Salles Mongiscard.

Pyrénées (Hautes-). — Secr.: *G. Dauvergne,* 24, rue J.-Lasserre, Tarbes; trés.: *A. Lauche,* 40, rue Victor-Hugo.

Pyrénées-Orientales. — Secr.: *J. Soubielle,* place Jean-Jaurès, Perpignan; trés.: *Dulcère,* place Jean-Jaurès.

Puy-de-Dôme. — Secr.: *V. Isnard,* ch. de Gravenoire, Royat; trés.: *F. Dionnet,* 13, rue Artaud-Blauval, Clermont-Ferrand.

Rhône. — Secr.: *R. Malaval,* 24, passage de l'Hôtel-Dieu, Lyon; trés.: *Granjean,* 54, cours Vitton, Lyon.

Rhin (Bas-). — Secr. *Kœsler,* 1, rue de Bienne, Strasbourg; trés.: *Kœsler.*

Rhin (Haut-). — Secr.: *Jean Martin,* 35, rue des Trois-Rois, Mulhouse; trés.: *Muller Mœglin,* 35, rue des Trois-Rois, Mulhouse.

Saône-et-Loire. — Secr.: *G. Nouelle,* 4, avenue de la Gare, Chalon; trés.: *Genevois,* rue des Oiseaux, Montceau-les-Mines.

Saône (Haute-). — Secr.: *A. Zengerlin,* route de Plombières, Aillevillers; trés.: *Bomptemps,* Aillevillers.

Sarthe. — Secr.: *O. Heuzé,* 2, rue du Greffier, Le Mans; trés.: *Chenel,* 59, boulevard Emile-Zola.

SAVOIE (HAUTE-). — Secr.: *J. Encrenaz,* La Roche-sur-Foron; trés.: *Ether,* hôtelier, La Roche-sur-Foron.

SEINE. — Secr.: *L. Osmin,* 18, boulevard Beaumarchais, Paris; trés.: *Pécher,* 18, boulevard Beaumarchais, Paris.

SEINE-ET-OISE. — Secr.: *Klemczynski,* Poissy; trés.: *Pierre Louis,* Eaubonne.

SEINE-ET-MARNE. — Secr.: *Jean Clar,* Dampmart; trés.: *Louis Villant,* 7, rue du Temple, Chelles.

SEINE-INFÉRIEURE. — Secr.: *Delamare,* adjoint au maire, Petit-Quevilly; trés.: *Meunier,* 19, rue Jean-Sotteville.

SOMME. — Secr.: *A. Mailly,* 383, route d'Abbeville, Amiens; trés.: *Thuillier,* 218, rue d'Albert.

TARN. — Secr.: *Cyrille Spinetta,* 84, avenue de Carmaux, Albi; trés.: *J. Serres,* rue du Rajol, Carmaux.

TARN-ET-GARONNE. — Secr.: *L. Deilles,* 40, Grande-Rue Villenouvelle, Montauban; trés.: *Richard,* 9, rue Pasteur, Montauban.

VAR. — Secr.: *E. Herpe,* place Claude-Gay, Draguignan; trés.: *E. Masson,* rue du Collège.

VAUCLUSE. — Secr.: *Allègre,* 4, rue des Ortolans, Avignon; trés.: *Matheron,* route de Marseille.

VIENNE. — Secr.: *A. Meunier,* 1, rue Poste-aux-Chevaux, Poitiers; trés.: *Bourdin,* rue des Grandes-Ecoles.

VIENNE (HAUTE-). — Secr.: *J. Parvy,* 7, rue Cruveilher, Limoges; trés.: *Dubant,* rue Fontaine-des-Barres.

VENDÉE. — Secr.: *R. Guillot,* 1, rue Pétain, La Roche-sur-Yon; trés.: *Planchot.*

VOSGES. — Secr.: *L. Renaux,* 25, rue des Jardiniers, Epinal; trés.: *Archenoud,* 41, rue Thiers, Epinal.

7 fédérations sont en bonne voie de reconstitution et ont fait déjà un premier placement de cartes du Parti.

Aube, Haute-Marne, Moselle, qui avaient entièrement adhéré au Parti communiste, ont vu se produire des démissions de vieux et solides militants, éclairés à la lumière des événements.

Manche, Eure, Savoie, Deux-Sèvres, où des groupes S.F.I.O. se sont formés avec des militants du Parti unifié et ont entrepris l'œuvre de réorganisation socialiste.

Enfin 10 autres départements: *Alpes-Maritimes, Basses-Alpes, Ardèche, Drôme, Landes, Loire, Lozère, Haute-*

Loire, Lot, Tunisie, des militants et des groupes S.F.I.O. nous ont envoyé leurs adhésions et un certain nombre ont déjà reçu les cartes demandées.

Le Parti S.F.I.O. compte des adhérents dans 82 départements.

En dehors de la région parisienne, où le Parti a été gravement atteint par la fièvre moscovite, les fédérations de province, en grande partie, ont pu maintenir des effectifs sérieux, à l'exception de quelques-unes d'entre elles.

C'est ainsi que les *Hautes-Alpes* a plus d'adhérents en 1921 qu'en 1920, que 15 d'entre elles : le *Cantal, Morbihan, Aude, Sarthe, Pas-de-Calais, Bas-Rhin, Puy-de-Dôme, Haute-Vienne, Haute-Saône, Finistère, Allier, Hérault, Loire-Inférieure, Var, Haute-Garonne,* ont conservé de 50 (Cantal) à 80 p. 100 (Haute-Garonne) des effectifs de 1920 ; 19 fédérations : *Somme, Orne, Lot-et-Garonne, Maine-et-Loire, Algérie, Calvados, Ain, Isère, Côtes-du-Nord, Marne, Gers, Bouches-du-Rhône, Ardennes, Vosges, Aveyron, Vienne, Gironde, Nord, Tarn,* ont conservé de 33 p. 100 (Somme) à 48,3 (Nord) et 49,7 (Tarn) des effectifs de 1920.

Une vingtaine d'autres ont rallié de 17 à 32,2 p. 100 des adhérents de 1920.

Si l'on tient compte qu'en dehors de quelques centres où la grosse majorité a suivi le Parti des 21 conditions, que presque partout dans les départements de 25 à 35 p. 100 des adhérents de 1920 sont restés dans l'expectative et n'ont donné leur adhésion ni à la S.F.I.C. ni à la S.F.I.O., il résulte nettement que le chiffre de 53.419 adhérents au 31 août, représente certainement 40 p. 100 des militants du Parti qui ont fait acte d'adhésion aux organisations socialistes en 1921.

Ce sont des résultats encourageants et prometteurs pour l'avenir.

Il convient de signaler qu'à Paris et dans la région, un mouvement — la réflexion étant venue — se dessine dont notre vieux Parti ne manquera pas de profiter lorsque le plan d'action des fédérations de la Seine, de la Seine-et-Marne et de la Seine-et-Oise aura été réalisé cet hiver par les bons militants de ces trois fédérations départementales.

Le retour au socialisme

La Fédération socialiste du Jura décida, au lendemain de Tours, de conserver son autonomie pour essayer de sauvegarder son unité départementale. Le manifeste qu'elle vota dans son Congrès de février, indiquait cependant que sa façon de concevoir le socialisme était celle de la S.F.I.O., que rien, en ce qui concerne la doctrine et la tactique, ne la séparait de nous, puisqu'elle condamnait nettement les méthodes divisionnistes des bolchevistes. Quelques semaines plus tard, un embryon de Fédération communiste existait dans le Jura. A l'occasion du Premier Mai, la Fédération autonome inaugura un buste de Jean Jaurès dans la cour de la Maison du Peuple, de Saint-Claude; le Parti y fut représenté par P. Renaudel.

Pour résister à l'œuvre de division, la Fédération décida de provoquer une réunion contradictoire avec un orateur de la S.F.I.O. et un orateur de la S.F.I.C.

Paul Faure, pour notre Parti, et le citoyen Frossard, pour la S.F.I.C., acceptèrent l'invitation. Le secrétaire communiste, au dernier moment, se fit remplacer par le citoyen Treint.

La controverse, inutile de le dire, tourna à l'avantage de la S.F.I.O. au point de vue de l'effet produit sur l'Assemblée qui était manifestement en grande majorité en communion d'idées avec Paul Faure; mais, poursuivant leur douce chimère, les camarades du Jura ont cru devoir, dans un nouveau Congrès, maintenir leur autonomie. Résultat: de nouvelles sections sont passées au bolchevisme.

Ainsi que Paul Faure le déclara au cours de sa conférence, la C. A. P. ne fera rien qui puisse activer la besogne de désagrégation dans le Jura, elle sait trop quels efforts ont accompli les militants depuis de nombreuses années pour mettre debout leurs admirables organisations qui n'ont d'égales que celles de notre Nord et de notre Haute-Vienne, elle sait aussi qu'une majeure partie des militants du Jura est irréductiblement opposée à la démagogie maximaliste, elle sait surtout que les événements eux-mêmes se chargeront de les réunir à nous.

Une autre Fédération, l'*Aube*, avait également mis au-dessus de tout son unité départementale, mais, pour la préserver, elle avait suivi une autre voie que celle du Jura. Elle avait donné tout entière son adhésion à la S.F.I.C. Les vieux militants avertis de l'Aube cédèrent devant les plus ardents, ils firent ce sacrifice à l'unité.

Là aussi l'expérience fut concluante.

Conciliants, conservant leurs espoirs unitaires, les bons et loyaux éléments de la Fédération ne tardèrent pas à se heurter aux extrémistes qui sans doute pensaient se conformer aux prescriptions du concile sur les « épurations périodiques » ; leurs méthodes de dénigrement systématiques d'attaques contre les militants, leurs procédés divisionnistes dans l'organisation syndicale, ne tardèrent pas à provoquer l'inévitable, et les quelques militants isolés qui n'avaient pas voulu s'incliner devant Moscou virent tout à coup leur nombre singulièrement grossir. Depuis le mois de juin, le Parti compte une importante section à Troyes, avec une fraction du conseil municipal, une section à Bar-sur-Seine, des éléments dans une dizaine de localités ; plus de 100 cartes ont été retirées, et le dimanche 11 septembre, sous la présidence d'Hubert Rouger, délégué de la C. A. P., la Fédération socialiste (S. F. I. O.) tiendra son Congrès fondateur ou plutôt reprendra la tradition des vieilles Assemblées départementales socialistes de l'Aube.

* * *

D'autres symptômes, dans 5 ou 6 fédérations qui, elles aussi, avaient cédé à l'entraînement, nous permettent d'affirmer que le même retour à la raison s'opère graduellement un peu partout.

Les élus du Parti

Nous avons demandé à nos fédérations l'adresse des secrétaires et la liste de leurs sections. Une douzaine ne nous ont pas fourni ces renseignements, mais, des listes reçues, nous pouvons donner un total de 1.181 sections du Parti.

Pour les élus municipaux et cantonaux, un assez grand nombre de fédérations nous ont annoncé des états complets qui ne nous sont pas parvenus, cela ne nous a permis d'enregistrer, avec les réponses reçues, que 54 conseillers généraux, 60 conseillers d'arrondissement, 79 maires, dont ceux de Lille, Limoges, Brest, Strasbourg, Grenoble, Saint-Quentin, Montluçon, Roubaix, Bourges, Narbonne, Montceau-les-Mines, Creil, Puteaux, Saint-Denis, Bessèges, etc., 103 adjoints au maire et 1.286 conseillers municipaux.

Les secrétaires fédéraux sont priés de nous fournir les états promis pour nous permettre de tenir à jour notre service de statistique.

La propagande

Le tableau de la propagande est forcément incomplet, de même qu'il peut s'y être glissé quelques erreurs, n'ayant pas toujours reçu des renseignements précis et ayant dû les compléter par les comptes rendus des réunions envoyés au journal.

64 départements ont reçu la visite des orateurs du Parti et, courant septembre-octobre, la propagande sera portée dans cinq fédérations qui n'ont pas encore pu être visitées. D'ici fin décembre, le Parti aura pu répondre aux appels des militants, sur la presque totalité du territoire.

Tableau des Délégations à la propagande et Missions confiées par la C. A. P.

DÉPARTEMENTS	MOIS	ORATEURS	Nombre de Réunions	Total par département
Ain	Mai	P. Renaudel, C. A P.	2	2
Aisne	Janvier	Jean Parvy, dép.	1	3
—	Juillet	Jean Parvy, dép.	1	
—	Juin	Le Troquer, J. Longuet, C. A. P.	1	
Algérie	Avril	Jean Mouret, dép.	9	9
Allier	Mars	Marcel Sembat, dép.	2	4
—	Mars	Jean Longuet, C. A. P.	1	
—	Juillet	Bracke, dép.	1	
Hautes-Alpes	Mai	René Cabannes, dél. per.	7	7
Ardennes	Janvier	B. Mayéras, C. A. P.	1	13
—	Juillet	Théo Bretin, dél. per.	12	
Aube	Janvier	B. Mayéras, C. A. P.	1	2
—	Juillet	Lobet, dép.	1	
Aude	Juillet	V. Auriol, dép.	1	12
—	Juillet	René Cabannes, dél. per.	11	
Aveyron	Janvier	J. Mouret, dép.	1	8
—	Mars-av.	P. Ramadier, C. A. P. et Lucien Roland, dél. p.	7	
B.-du-Rhône	Juin	L. Blum, Aubry et A. Varenne, députés.	4	4
Calvados	Mai	J. Mouret, dép.	1	1
Cantal	Mars	Bracke, dép.	1	1
Charente	Janvier	Goude, dép.	1	11
—	Mars	Vardelle, C. A. P.	1	
—	Avril	Théo Bretin, dél. per.	8	
—	Mai	Paul-Boncour, dép.	1	
Char.-Infér.	Juin	Théo Bretin, dél. per.	5	5
Cher	Mars	Pressemane, dép.	1	1
Corrèze	Mars	Paul Faure, C. A. P.	1	1
Côte-d'Or	Mars	M. Maurin, C. A. P.	1	1

DÉPARTEMENTS	MOIS	ORATEURS	Nombre de Réunions	Total par département
Côtes-du-Nord	Av.-Mai	Aubry, Bernard, Blum, Buisset, Bracke, Cadot, Chauly, Goude, Georges Richard, Jean Félix, Inghels, Locquin, Lobet, Masson, Mouret, Moutet, Parvy, Piton, Plet, Pressemane, Rognon, députés *au 1er tour*...	31	58
		au 2e tour...	27	
Creuse	Février	Lucien Roland, dél. per.	7	11
—	Juillet	Valière, dép.	4	
Dordogne	Février	Paul Faure, C. A. P.	1	1
Eure	Juin	Bracke, dép.	1	1
Eure-et-Loir	Juillet	Saumonneau, dél. per.	7	7
Finistère	»	Paul Faure, C. A. P.	2	2
Gard	Janvier	Hubert Rouger, C. A. P.	1	25
—	Av.-Mai	René Cabannes, dél. per.	18	
—	Juillet	René Cabannes, dél. per.	6	
Hte-Garonne	Mars	Jean Félix, dép.	1	2
—	Avril	J. Lebas, dép.	1	
Gers	Mars	J. Mouret, dép.	1	3
—	Juin	A. Piton, dép.	2	
Gironde	Mars	René Cabannes, dél. per.	9	21
—	Mars	Jean Longuet, C. A. P.	1	
—	Mars	Compère-Morel, dép.	4	
—	Mai	Sembat, dép. et Renaudel, C. A. P.	1	
—	Mai	Paul-Boncour, dép.	2	
—	Juin	P. Renaudel, C. A. P.	4	
Hérault	Avril	Théo Bretin, dél. per.	11	12
—	Juillet	Paul-Boncour, dép.	1	
Ille-et-Vilaine	Mars	Lucien Roland, dél. per.	7	7
Indre-et-Loire	Février	René Cabannes, dél. per.	7	8
—	Juillet	Paul Faure, C. A. P.	1	

DÉPARTEMENTS	MOIS	ORATEURS	Nombre de Réunions	Total par département
Isère	Avril	Jean Longuet, C. A. P.	1	1
Jura	Mai	Renaudel, C. A. P.	1	2
—	»	P. Faure, H. Rouger, C.A.P.	1	
Loir-et-Cher	Avril	Paul-Boncour, dép.	1	3
—	Juin	Pressemane, dép.	2	
Loire-Infér.	Fév.-M.	René Cabannes, dél. per.	14	
—	Avril	M. Sembat, P.-Boncour, Lebas, dép.	2	20
—	Mars	Bracke, dép.	2	
—	Mai	Sembat, dép.	1	
—	Juillet	Lucien Roland, dél. per.	1	
Haute-Loire	Février	Chauly, dép.	1	2
—	Mars	A. Varenne, dép.	1	
Loiret	Février	E. Frot, C. A. P.	1	8
—	Juillet	Lucien Roland, dél. per.	7	
Lot-et-Garonne	Avril	V. Auriol, dép.	1	4
—	Juin	St-Venant, dép.	3	
Marne	Mars	Chauly, dép.	4	
—	Juin	Grandvallet, C. A. P., et Cabannes, dél. per.	12	18
—	»	Chaussy, dép.	1	
—	Juillet	Compère-Morel, dép.	1	
Morbihan	Mars	St-Venant, dép.	2	
—	»	Masson, dép.	3	13
—	»	Lucien Roland, dél. per.	8	
Nièvre	Juillet	Moutet, dép.	1	1
Nord	Janvier	Bracke, Evrard, dép. Longuet, Le Troquer, C.A.P.	1	
—	Mars	O. Deguise, dép.	1	
—	Mars	Bracke, dép., J. Longuet, Paul Faure, C. A. P.	2	14
—	Mars	Pressemane, dép.	4	
—	Avril	P.-Boncour, Auriol, dép.	3	
—	Avril	Chauly, dép., J. Longuet, Grumbach, C. A. P.	3	

DÉPARTEMENTS	MOIS	ORATEURS	Nombre de Réunions	Total par département
Oise	Janvier	A. Groussier, dép. et Paul Faure, C. A. P.	1	57
—	Avril	L. Blum, Bernard, Chauly, Chaussy, Compère-Morel, Couteaux, Deguise, Félix, Ferrand, Lobet, Lebas, Masson, Morin, Mistral, Parvy, Plet, Piton, Ringuier, Uhry, Sembat, Paul-Boncour, Pressemane, députés.	49	
—	»	Paul Faure, C. A. P.	2	
—	»	Lucien Roland, dél. per.	5	
Orne	Février	Zoretti, C. A. P.	1	9
—	Mars	Renaudel, C. A. P.	1	
—	Mai	Lucien Roland, dél. per.	7	
Pas-de-Calais	Février	Valière, dép.	1	4
—	Avril	Paul Faure, C. A. P.	1	
—	Mai	Maurice Maurin, C. A. P.	1	
—	Mai	Auriol, dép.	1	
Puy-de-Dôme	Février	Jean Parvy, dép.	1	11
—	Mars	Maurice Maurin, C. A. P.	1	
—	Mai-Juin	Lucien Roland, dél. per.	9	
Pyr.-Orient.	Juillet	G. Fourment, sén.	1	1
Bas-Rhin	Mars	Lhenry, C. A. P.	1	1
Rhône	Janvier	J. Mouret, dép.	1	4
—	Juin	J. Mouret, dép.	2	
—	Juin	V. Auriol, dép. et Grumbach, C. A. P.	1	
Saône-et-Loire	Janvier	L. Blum, dép.	2	25
—	Février	B. Mayéras, C. A. P.	1	
—	»	Théo Bretin, dél. per.	14	
—	Avril	Compère-Morel, dép.	1	
—	Juillet	Paul-Boncour, dép.	1	
—	Mai	Théo Bretin, dél. per.	6	

DÉPARTEMENTS	MOIS	ORATEURS	Nombre de Réunions	Total par département
Haute-Saône	Janvier	Mauranges, C. A. P.	1	7
—	Juin	L. Plet, dép.	4	
—	»	R. Evrard, dép.	2	
Sarthe	Janvier	Paul-Boncour, dép.	1	3
—	Juillet	Paul-Boncour, dép.	2	
Haute-Savoie	Mai	E. Rognon, dép.	1	1
Seine	Fév.-M.	Paul Faure, C. A. P.	5	31
—	av.-mai-juin	V. Auriol, dép. P. Faure, J. Longuet, Hubert Rouger, Zyromski, Renaudel, C. A. P., L. Roland, dél. per.	16	
—	av.-mai-juin	Goude, Pressemane, St-Venant, Aubry, députés, Grumbach, C. A. P. et R. Cabannes, dél. per.	8	
—	Juillet	Compère-Morel, dép. et Paul Faure, C. A. P.	2	
S.-et-Marne	Mai	J. Lobet, dép.	1	4
—	Juin	J. Félix, dép.	2	
—	Juin	Couteaux, dép.	1	
Seine-et-Oise	Février	Compère-Morel, dép.	3	20
—	Mars	Compère-Morel, dép.	3	
—	Mars	Zyromski, C. A. P.	1	
—	Juin	Jean Parvy, Blum, Goude, Compère-Morel, Mouret, Masson, Piton, Jean Bouveri, députés.	13	
Seine-Infér.	Janvier	Aubry, dép.	1	11
—	Mars	J. Lebas, dép.	1	
—	Mars	J. Uhry, dép.	1	
—	Mars	A. Inghels, dép.	1	
—	Mai	Boncour, d. Longuet, C.A.P.	1	
—	Mai	Aubry, d. et P. Faure, C.A.P.	1	
—	Juin	Saumonneau, dél. per.	5	

DÉPARTEMENTS	MOIS	ORATEURS	Nombre de Réunions	Total par département
Somme	Mars	Hubert Rouger, C. A. P.	2	
—	Av.-Mai	Saumonneau, dél. per.	8	11
—	Août	J. Lebas, dép.	1	
Tarn	Juillet	Auriol, dép. et Renaudel, Bedouce, C. A. P.	1	2
—	Août	J.-B. Séverac, C. A. P.	1	
T.-et-Garonne	Juin-juil.	René Cabannes, dél. per.	9	9
Var	Juin	Blum, dép., et Renaudel, C. A. P.	1	
—	Juin	Renaudel, C. A. P.	3	8
—	Juin	V. Auriol, dép., Renaudel, C. A. P.	4	
Vienne	Janvier	R. Cabannes, dél. per.	6	
—	Mars-av.	R. Cabannes, dél. per.	7	17
—	Mai	Paul-Boncour, dép.	3	
—	Juin	Masson, dép.	1	
Haute-Vienne	Mars	Paul Faure, C. A. P.	1	1
Vosges	Janvier	Lucien Roland, dél. per.	5	
—	»	Th. Bretin, dél. per.	4	10
—	»	Escoffier, dép.	1	
Tunisie	»	J. Mouret, dép.	1	1

TOTAL.................. 577 réunions

Départements non visités : Alpes-Maritimes, Ardèche, Ariège, Doubs, Drôme, Indre, Landes, Loire, Lot, Lozère, Manche, Maine-et-Loire, Haute-Marne, Meurthe-et-Moselle, Meuse, Moselle, Basses-Pyrénées, Hautes-Pyrénées, Haut-Rhin, Savoie, Deux-Sèvres, Vaucluse, Vendée.

C'est donc un total de 577 réunions auxquelles ont participé les orateurs du Parti. Il convient de remarquer que, dans les réunions des Côtes-du-Nord et de l'Oise, quelques réunions peuvent faire double emploi, il nous a été difficile d'établir si plusieurs orateurs n'avaient pas participé aux mêmes réunions. Il faudrait donc diminuer de quelques unités le total général qui dépasse certainement 550.

Les camarades suivants ont rempli des délégations internationales :

En janvier : Paul Faure, 7 jours au Congrès du Parti socialiste italien, à Livourne ;

En mars : Paul Faure, 15 jours à la Conférence internationale de Vienne ;

En mars : Jean Longuet, 15 jours à la Conférence internationale de Vienne ;

En mars : Jean Longuet, 3 jours auprès du Parti socialiste indépendant, à Berlin ;

En avril : Jean Longuet, 5 jours à la Conférence des Partis socialistes de Vienne, à Amsterdam (sur les réparations) ;

En juin : Jean Longuet, 3 jours au Congrès du Labour Party, en Angleterre ;

En juillet : Jean Longuet, 3 jours à la réunion du Bureau international de Vienne, à Francfort ;

En mars : Grumbach, 15 jours, comme traducteur de la délégation française, à Vienne ;

En avril : Grumbach, 5 jours, délégué à la Conférence socialiste de Vienne, à Amsterdam ;

En mars : P. Renaudel, 15 jours à la Conférence internationale, à Vienne ;

En avril : P. Renaudel, 5 jours à la Conférence internationale, à Amsterdam ;

En mars : Bracke, 15 jours à la Conférence internationale, à Vienne ;

En mars : Mistral, 15 jours à la Conférence internationale, à Vienne ;

En mars : Pierre Lainé, 15 jours, délégué de la Fédération des Jeunesse, à Vienne ;

En avril : Auriol, Pressemane, Evrard, 5 jours à la Conférence internationale de Vienne, à Amsterdam ;

En juin : Le Troquer, André Pierre et Guillevic, à l'Olympiade ouvrière, à Prague.

*
* *

La C. A. P. dut décliner, pour raisons financières, les invitations au cinquantenaire du Parti social-démocrate du Danemark, au Congrès de l'Independant Labour Party d'Angleterre, au Congrès du Parti socialiste polonais, au Congrès du Parti ouvrier belge. De même qu'au dernier moment le délégué de la S.F.I.O. ne put assister, à notre vif regret, au Congrès du Parti socialiste suisse, tenu à Lucerne.

La délégation permanente

La délégation permanente a participé à 251 réunions, de fin janvier à fin juillet, soit en six mois (à noter que l'état de santé de Louise Saumonneau ne lui a permis de donner qu'une vingtaine de réunions).

La délégation a visité 25 départements ; 5 fédérations : le Gard, la Loire-Inférieure, la Saône-et-Loire, la Vienne et les Vosges ont obtenu une double délégation en raison de circonstances particulières ou pour répondre aux invasions des députés du Parti communiste.

Le passage des délégués permanents a partout produit la meilleure impression, et la C. A. P. a enregistré avec plaisir les lettres de félicitations aux délégués et de remerciements au Parti, qui ont suivi presque toutes leurs tournées de propagande.

De partout on nous a signalé la constitution de nouveaux groupes, la reconstitution des anciens et des adhésions enregistrées après leurs conférences ; dans quelques fédérations, des groupes communistes ou des adhérents à la S.F.I.C. sont passés à la S.F.I.O. (dans la Marne, l'Orne, la Charente, la Somme, la Vienne, etc., etc.).

Près d'une centaine de sections ont été créées ou reconstituées, et, s'il nous est impossible — faute de renseignements précis — d'évaluer le nombre d'adhérents qu'ils ont rallié au Parti, cela tient aussi à ce que de nombreuses fédérations firent, au début de janvier, leur commande de cartes, en simple prévision, et qu'un certain nombre de ces cartes n'ont été retirées que les mois suivants, après les visites fructueuses de nos délégués permanents qui se sont acquittés de leur tâche — la C. A. P. est heureuse de le constater — avec un zèle, un dévouement et une compétence reconnus de tous.

LES ÉLECTIONS EN 1921

Elections sénatoriales

Scrutin du 9 janvier 1921

AISNE. — Ringuier, 522 voix, sur une liste de coalition.

ALLIER. — Paul Constans, 349 voix.

ARDENNES. — Ch. Boutet, 151 voix; Jevais, 122 voix; Guillardelle, 105 voix.

BOUCHES-DU-RHÔNE. — F. Bouisson, 161 voix.

FINISTÈRE. — Goude, 85 voix; Masson, 79 voix; Chatel, 73 voix; Le Goïc, 71 voix.

GARD. — Hubert Rouger, 182 voix; Coiras, 50 voix; Bernadoy, 49 voix.

NIÈVRE. — P. Moine, 154 voix au premier tour, 213 voix au deuxième tour.

HAUTE-VIENNE. — Betoulle, 284 voix au premier tour, 295 voix au deuxième tour.

Scrutin du 12 juin

ISÈRE. — Votants: 1.186. — Giray, socialiste, 109 voix; Cachin, communiste, 48 voix. (Aux élections sénatoriales de 1920, la liste unifiée avait obtenu une moyenne de 138 voix.)

SAÔNE-ET-LOIRE. — Votants: 1.239. — Théo Bretin, 309 voix.

Elections législatives

Scrutin du 27 février 1921

Deuxième secteur de la Seine. — Inscrits: 185.000; votants: 113.000. — Le Corbeiller, 47.882 voix; Bonnet,

46.104 voix; G. Mauranges, 12.966 voix; M. Maurin, 12.867 voix; Loriot, 32.957 voix; Souvarine, 32.994 voix; Dejeante, 20.783 voix; J. Bon, 20.164 voix.

Au deuxième tour, la Fédération S. F. I. O. retire ses candidats désistés en faveur de Loriot et Souvarine qui obtiennent 58.484 et 57.186 voix sur 133.096 votants.

Scrutin du 17 avril

OISE. — Héraude, 10.883 voix; Génie, 10.909 voix (moyenne socialiste: 10.896 voix); Dégremont, 10.769 voix; Thevet, 10.835 voix (moyenne communiste: 10.802 voix). En 1919, la liste du Parti avait obtenu une moyenne de 14.000 voix.

Les communistes se retirent et prêchent l'abstention, après avoir manifesté leur opposition à une coalition radicale et socialiste S. F. I. O.

Les socialistes se désistent contre le Bloc national et font élire les deux radicaux au deuxième tour.

CÔTES-DU-NORD. — *Premier tour:* Paul Vaillant, 10.726 voix; H. Pasquiou, 9.903 voix; F. Audrain, 10.111 voix (moyenne socialiste: 10.011 sur 59.600 votants).

Au deuxième tour, les républicains refusent d'accorder la part proportionnelle aux socialistes, qui maintiennent leur liste.

Deuxième tour: Vaillant, 11.816 voix; Pasquiou, 10.410 voix; Audrain, 10.067 voix (moyenne: 10.764).

En 1919, la moyenne de la liste socialiste avait été de 4.000 voix.

***

Dans la Haute-Savoie, la Fédération naissante de la S. F. I. O. n'oppose pas de candidat (élections du 13 février) à la candidature du communiste dont la profession de foi ne reflète nullement la pensée bolcheviste.

Le résultat du premier tour est le suivant: Bloc National, 22.332; radical, 21.949; communiste, 7.073. (Aux élections de 1919, les candidats du Parti avaient obtenu une moyenne de 6.832 voix.)

Au deuxième tour, le Comité Directeur conseille l'abstention à la Fédération Communiste dont le mot d'ordre fut également abstention. La Fédération S. F. I. O. invite les électeurs à faire échouer le Bloc National. Au deuxième tour, le Bloc National, avec 24.418, est battu par le radical, qui obtient 29.616 voix.

Dans les Basses-Pyrénées, le candidat communiste Garrabé obtient 1.929 voix, alors qu'aux élections de 1919 la liste du Parti en avait rallié plus de 4.000.

Les communistes retirent purement et simplement leur candidat; le groupe de la S. F. I. O. fait un appel aux électeurs pour assurer l'échec du candidat du Bloc National qui est en effet battu au deuxième tour de scrutin.

Elections cantonales

Scrutin du 23 janvier

Canton de Mulhouse: cons. d'arrond. — Wœgtlin (S. F. I. O.), 1.780 voix (élu); Altenback, communiste, 1.015 voix.

Scrutin du 30 janvier

Canton Alavail-Limouzine (Vienne): Cons. d'arrondissement. — Lathiere Lavergne, soc., 243 voix.

Scrutin du 27 février

Canton de Gannat (Allier). cons. gén. — Delaurat, soc., 1.269 voix (élu).

Scrutin du 6 mars

Canton de Saint-Yrieix (Haute-Vienne): cons. d'arrond., — Beyrand, soc., 1.314 voix; Rebeyrolle, soc., 1.278 voix (élus).

Scrutin du 17 avril

Canton d'Alençon (Orne): cons. gén. — Lemerlus, soc., 112 voix.

Scrutin du 8 mai

Canton de Tournus (Saône-et-Loire): cons. gén. — J.-B. Pauget, soc., 634 voix. — En 1919, le candidat du Parti n'en avait eu que 400.

Scrutin du 22 mai

Canton de Saint-Quentin (Aisne): cons. d'arrond. — Devilliers, soc., 3.700 voix (élu).

Scrutin du 29 mai

Canton de Mézières (Haute-Vienne) : cons. général. — Périgord, soc., 550 voix.

Scrutin du 26 juin

Canton de Bergues (Nord) : cons. gén. — Casteleyn, socialiste, 644 voix.

Scrutin du 17 juillet

Canton de Nantes : cons. gén. — Leroux (S. F. I. O.), 1.029 voix ; Caron, communiste, 238 voix ; Bourgeois, 1.583. — Le candidat socialiste gagne 100 voix sur la dernière élection.

Canton de Marseille : cons. d'arrond. — Imbert (S. F. I. O.), 1.195 voix ; Ternat, communiste, 383 voix ; Bourgeois, 2.820 voix. — Au deuxième tour, le communiste est maintenu.

Résultat : Imbert, soc., 2.048 voix ; Ternat, communiste, 196 voix ; Bloc National (élu).

Elections municipales

9 janvier. — Alger. — Paoli (S. F. I. O.), 3.355 voix ; Rouquet, Bloc National, 2.174 voix ; Vanghele, Ligue civique, 671 voix ; divers, 331 voix. — Les communistes invitent à voter contre le candidat socialiste. — Deuxième tour : Paoli, 4.312 voix (élu), contre 2.872 voix au Bloc National.

16 janvier. — Lambézellec (Finistère). — Premier tour : moyenne : liste socialiste (S. F. I. O.), 574 voix ; liste communiste, 394 voix ; liste réactionnaire, 1.176 voix. — Les communistes se maintiennent. — Les réactionnaires sont élus par 1.472 voix contre 474 voix aux socialistes et 274 aux communistes.

20 février. — Brest. — Kerjean, soc., 3.903 voix (élu).

20 février. — Le Bouscat. — Liste bourgeoise, 396 voix ; socialistes, 286 voix ; bolchevistes, 232 voix. — Avant le premier tour, les socialistes avaient déclaré publiquement que s'ils arrivaient après les candidats communistes, ils se désisteraient en leur faveur.

Le résultat du deuxième tour fut le suivant : liste bourgeoise, 516 voix (élue) ; liste socialiste, 328 voix ; liste bolcheviste, 213 voix.

27 février. — Maubeuge. — Liste Bataille, du Parti Socialiste, 2.165 voix (élue) ; liste Sarot, du Parti bolcheviste, 1.061 voix.

17 avril. — Colombes. — Liste socialiste, 646 voix ; liste bolcheviste, 614 voix ; Bloc National, 840 voix ; Bloc National dissident, 800 voix. — Au deuxième tour, les bolchevistes maintiennent leurs candidatures.

Résultat : socialistes, 848 voix (élus) ; communistes, 577 voix.

8 mai. — Douarnenez. — Liste socialiste : Le Goïc, 653 voix ; liste communiste, 175 voix. — Au deuxième tour, 3 socialistes sont élus par 595 voix, tandis que les communistes obtiennent 145 voix. — Le maintien de la liste communiste fit élire un réactionnaire.

Mai. — Strasbourg. — Dans le faubourg de Schiltigheim, considéré comme forteresse des bolchevistes, le résultat du premier tour fut le suivant : socialistes, 710 voix ; bolchevistes, 605 voix ; Bloc National, 831 voix. — Au deuxième tour, les communistes et les radicaux font un appel en faveur du candidat socialiste, qui est élu par 1.116 voix contre le candidat du Bloc National.

11 juin. — Guingamp. — Liste de coalition : 1 socialiste S. F. I. O. (élu) et 1 soc. ind.

19 juin. — Petit-Quevilly. — Liste bolcheviste, 1.795 voix (élus) ; liste socialiste, 249 voix ; liste bourgeoise, 552 voix.

26 juin. — Saint-Denis. — Premier tour : Chrétien, soc., 2.830 voix ; Goguet, communiste, 3.554 voix. — Deuxième tour : Chrétien, 3.242 voix ; Goguet, 4.008 voix (élu). — Aux élections de 1919, la liste unifiée avait obtenu 9.000 voix.

3 juillet. — Lyon (7ᵉ arrond.). — Votants, 8.090 : Malaval, soc., 2.907 voix ; Merlin, communiste, 1.788 voix. — Au deuxième tour, les communistes maintiennent leur candidat.

Résultat : Malaval, 4.068 voix (élu) ; Merlin, communiste, 1.647 voix.

3 juillet. — Golbey (Vosges). — Votants, 770 : liste socialiste, 169 voix (moyenne).

17 juillet. — PARIS (3e arrond.)., quartier des Archives. — Dr Grabois, soc., 369 voix; Boyet, communiste, 211 voix. — Le candidat communiste est maintenu au deuxième tour. Résultat: Dr Grabois, 427 voix; Boyet, 221 voix; Bloc National (élu).

Août. — LYS-LEZ-LANNOY (Nord). — Liste S. F. I. O., 547 voix; liste communiste, 135 voix; Bloc National, 538 voix. — Au deuxième tour, les socialistes S. F. I. O. élus par 674 voix contre 609 aux réactionnaires. Les 10 conseillers communistes démissionnaires sont remplacés par 10 socialistes S. F. I. O.

Août. — SAINT-GERMAIN-DES-FOSSÉS. — Ardillon, S. F. I. O., 230 voix; Vivier, bolcheviste, 308 (élu). — Le candidat Vivier n'appartenait pas à la S. F. I. C., mais il fut soutenu par les communistes contre la S. F. I. O.

A SAINT-DENIS, les violences coutumières, les intransigeances et l'incohérence extrémistes ont abouti à l'élection de notre camarade Connoy comme maire S. F. I. O., en remplacement de Philippe, communiste à l'épreuve.

Les camarades de la section de Saint-Denis agirent en plein accord avec la C. A. P., ainsi que ceux de la section du Petit-Quevilly, au sujet de la situation municipale après les élections de juin.

Il résulte de cette statistique électorale incomplète que le Parti Socialiste S. F. I. O. a conservé son influence sur les masses électorales. Il a presque partout maintenu ses forces, et a lutté avec ténacité contre le Bloc National, qui représente la réaction bourgeoise au pouvoir.

Là où il a subi des défaites, elles sont dues à l'intransigeance bolcheviste qui a assuré dans maintes localités le succès du Bloc National.

Ces diverses consultations électorales démontrent que les masses ouvrières sont moins aveugles que les états-majors du bolchevisme français et ont su reconnaître dans le Parti Socialiste la véritable organisation politique de classe des travailleurs ouvriers et paysans.

Le Populaire

Par le rapt de l'*Humanité,* le Parti se trouva privé, au lendemain de Tours, de son organe essentiel de propagande; aussi la C. A. P. mit-elle tout de suite à l'étude la création d'un grand quotidien du matin. Elle en délibéra pendant de nombreuses séances en janvier, février, mars; elle confia le soin de l'organisation à sa Commission de la Presse dont firent partie six membres de l'ancien Conseil d'administration de l'*Humanité*, auxquels furent adjoints sept nouveaux membres.

Cette décision fut ratifiée par le Conseil National du 13 février ainsi que les propositions de la C. A. P. relatives au titre et à la nomination des deux directeurs politiques, Léon Blum et Jean Longuet.

A dater de ce jour ce fut le Conseil d'administration qui eut la lourde charge d'assurer la publication du *Populaire*. Le rapport du Conseil de direction et d'administration fournira aux membres du Parti les renseignements utiles sur ses efforts et ceux également fournis par le Parti en faveur de l'organe central de la S. F. I. O.

Disons seulement que le Bureau de la C. A. P. a secondé de son mieux auprès des Groupes et des Fédérations, l'action de l'administration du journal.

Dans sa réunion du 5 janvier, la C. A. P. s'occupa de la situation faite à Marty et aux marins de la mer Noire; elle mandata son groupe parlementaire pour intervenir auprès du gouvernement. Léon Blum et Paul-Boncour accomplirent la mission qui leur fut confiée auprès du président du Conseil pour obtenir qu'ils fussent compris dans la loi d'amnistie et ensuite pour la mise au régime politique.

*
* *

A cette séance, notre vénéré camarade Jules Guesde avait tenu à assister, malgré son déplorable état de santé, et c'est lui qui prit l'initiative de la déclaration publiée quelques jours plus tard par le groupe socialiste au Parlement.

*
* *

En février, Léon Blum et Paul-Boncour, au nom du Parti et sur l'initiative de la Fédération de la Seine, réclamèrent, par une démarche au président du Conseil, la mise en liberté provisoire de Loriot et Souvarine, pour leur permettre de faire leur campagne électorale.

Le Conseil National du 13 février

Le Conseil National ratifie la nomination de la C. A. P. et les diverses décisions prises par elle relativement au Bureau du Parti, aux diverses délégations, au Bureau international de Vienne et à l'organe central du Parti, *Le Populaire de Paris*.

Il vota les résolutions suivantes :

Manifeste aux Travailleurs de France

Le Congrès de Tours, sur les injonctions répétées de Moscou, auxquelles a obéi une majorité aveugle, a rompu l'unité du socialisme français.

Les événements se chargeront de démontrer combien a été grande l'erreur et combien lourde la faute des artisans de cette détestable scission dont nos adversaires des partis bourgeois furent, avec raison, unanimes à se réjouir.

On peut dire que, parmi nous, ceux qui avaient connu les mortelles divisions d'autrefois, jusqu'à la dernière minute, firent les efforts les plus désespérés pour éviter la catastrophe et sauver notre Parti, ce Parti — qui, malgré des faiblesses et des erreurs plus ou moins sans doute imputables à tous ses éléments, malgré la guerre, malgré nos querelles, — demeurait l'arme puissante et admirable forgée en 1905 d'un bras robuste par Jaurès, par Guesde, par Vaillant et les groupements qu'ils représentaient.

Mais tout accord était devenu impossible :

D'une part, parce que la majorité refusait de faire au télégramme fameux du Comité exécutif de la IIIe Internationale, portant la signature de Zinoviev, la réponse que commandaient la vérité des faits et la dignité d'un Parti ;

D'autre part, parce que, en déchirant la Charte d'Amsterdam et le Pacte d'unité, en émettant la prétention de vouloir courber le Parti et les organisations ouvrières sous le régime, intolérable à tant de titres, des statuts, thèses et conditions fixées par le IIe Congrès de l'Internationale communiste, cette même majorité voulait nous contraindre à renier notre passé, notre foi et notre doctrine.

Si des esprits égarés ou mal informés doutent encore de l'unique et exclusive responsabilité de Moscou, de ses agents et de ses serviteurs, ils n'auront qu'à se donner la peine d'observer ce qui se passe ou s'est passé dans les autres pays du monde. Ils verront s'y poursuivre, avec une passion tenace et diabolique, la même entreprise de division prolétarienne et de scission dans tous les partis.

Aux Etats-Unis qui servirent de premier champ d'expérience aux manœuvres bolchevistes, il y avait un parti en plein développement, de plus de 100.000 membres. Sur les manœuvres de Moscou, on se sépara : 60.000 communistes d'un côté, 40.000 socialistes de l'autre. Aujourd'hui, le Parti communiste dissous, pourchassé brutalement, n'existe pour ainsi dire plus et le Parti socialiste compte à peine un peu plus de 20.000 membres.

En Allemagne, l'unité du grand Parti Indépendant a été brisée à Halle, il y a quelques mois, et voici déjà que les communistes, impuissants à agir seuls, font appel à tous les autres groupes, y compris les majoritaires, et que l'un de leurs chefs principaux, le docteur Lévy, commence à polémiquer âprement avec Moscou.

En Suisse, où régnaient tant d'union et de camaraderie, c'est maintenant aussi la scission et les disputes violentes sous les regards amusés et rassurés de la bourgeoisie.

En Italie, l'adhésion unanime du Parti à la IIIe Internationale, dès le début, n'a pas sauvé l'unité. Au Congrès de Livourne, les communistes extrêmistes, pour qui les ordres de Moscou — même ceux qui exigent l'exclusion d'hommes comme Turati, Modigliani, Darragona — doivent être exécutés sans réserve ni discussion, ont quitté le vieux parti pour constituer une organisation rivale.

Il serait trop long de passer en revue, dans cet ordre d'idées, toute la surface du globe. Disons seulement que partout où sous l'empire des nécessités, pour mieux résister aux coups des adversaires, pour mieux préparer les conquêtes révolutionnaires, des travailleurs avaient réussi à s'unir et à s'entendre, la propagande bolcheviste, là où elle l'a pu, a semé les divisions, la haine, et brisé les cadres des armées prolétariennes.

La France socialiste n'a pas échappé aux coups imbéciles et criminels des démolisseurs. Elle compte maintenant deux partis : le Parti socialiste et le Parti communiste.

Le Parti Socialiste (Section Française de l'Internationale Ouvrière)

Le Parti socialiste (S.F.I.O.) n'a pas à présenter aux travailleurs de France un nouveau programme et de nouvelles doctrines. Il entend poursuivre son action sur la base, jusqu'ici acceptée de tous, de la Résolution d'Amsterdam (août 1904), de la Déclaration d'unité du 13 janvier 1905, et de ses statuts, adoptés à Paris le 13 juillet 1913, de son programme d'action d'avril 1919.

Il avait puisé là de quoi livrer de rudes batailles qui, malgré le chiffre trop faible de ses effectifs, lui avaient permis de prendre un rang glorieux dans l'Internationale et d'avoir sur les masses ouvrières et paysannes une influence grandissante. Il y avait également trouvé le moyen de fondre de plus en plus les nuances diverses des anciennes tendances en une seule qui contenait toutes les autres et de faire de l'unité une réalité vivante, aussi bien dans la pensée que pour l'action.

Nous restons fidèles à ce passé, à ses enseignements et à ses leçons.

Cela, bien entendu, ne saurait signifier qu'immobiles et figés dans des formules, nous nous refusons à suivre le cours tumultueux des événements, nés de la guerre, ou conséquences des révolutions qui ont éclaté en divers pays, et à ne pas y adapter nos tactiques et nos moyens de combat.

Nos Congrès futurs auront à déterminer dans ce sens les directives du socialisme français, à préciser nos points de vue sur le but et le rôle du socialisme international, avec dans tous les cas pour unique objectif la défense des intérêts moraux et matériels du prolétariat et la préparation des masses aux actes révolutionnaires décisifs.

Mais nous persistons à estimer que la vie intellectuelle du Parti, la réglementation de sa vie politique, ses responsabilités historiques doivent être établies par ses propres adhérents, dans la loyauté de clairs débats, et non dictés ou imposés par des groupements occultes ou des comités lointains.

Nous repoussons toute autorité dictatoriale venue d'en haut, on ne sait d'où, et s'imposant à l'individu, qui perd ainsi toute personnalité et devient instrument passif. Il y a chez nous, dans nos rangs, toute une tradition de démocratie socialiste à laquelle nous restons profondément attachés.

L'adhérent agit sur le groupe, le groupe sur la section, la section sur la fédération, celle-ci sur les Conseils et Congrès nationaux, les délégués de ces derniers sur les Congrès internationaux, au grand jour de débats publics.

C'est de l'adhérent du Parti que partent donc toute la pensée et toute l'action avant de devenir la loi commune et souveraine.

Nous déclarons qu'il continuera à en être ainsi dans le Parti socialiste (S.F.I.O.).

L'action du Parti

« Le Parti socialiste est un parti de classe qui a pour but de socialiser les moyens de production et d'échange, c'est-à-dire de transformer la société capitaliste en une société collectiviste ou communiste, et pour moyen l'organisation économique et politique du prolétariat. Par son but, par son idéal, par les moyens qu'il emploie, le Parti socialiste, tout en poursuivant la réalisation des réformes immédiates revendiquées par la classe ouvrière, n'est pas un parti de réforme, mais un parti de lutte de classe et de révolution. »

C'est en ces termes que dans sa charte d'unité, le Parti formulait, en 1905, sa doctrine fondamentale. Rien ne nous autorise à y renoncer ou à la modifier.

Si l'impérialisme et la réaction capitalistes se sont révélés pendant et depuis la guerre plus criminels dans leurs entreprises, plus incapables d'assurer un ordre intérieur, dans les pays vainqueurs aussi bien que chez les vaincus, plus impuissants à rétablir la paix du monde et à la garantir contre de nouveaux cataclysmes; s'il apparaît que les solutions socialistes s'imposent de plus en plus impérieusement et qu'elles portent en elles, dans leurs réalisations prochaines et nécessaires, le salut des hommes et de la civilisation, nous affirmons que les doctrines traditionnelles de notre Parti suffisent à faire face aux difficultés de la situation, même si nous devions entrer dans une phase révolutionnaire aiguë.

A nous seulement d'intensifier la propagande, de grossir nos forces matérielles, de développer la culture générale et la conscience de classe de nos adhérents, de renforcer la discipline de nos élus et de nos militants, de rendre en un mot le prolétariat organisé capable de remplir sa mission historique d'affranchissement du travail et d'établissement du régime socialiste.

Cela, c'est toute la doctrine et tout le but de notre Parti.

Notre groupe parlementaire aura à s'en inspirer avec plus de méthode et de discipline que jamais. A toute occasion, il devra apporter les solutions les plus hardies et les plus révolutionnaires. Ces solutions écartées par des majorités bourgeoises, il n'aura pas à s'en tenir de façon systématique à une position négative et stérile, mais à faire aboutir les mesures ou réformes les plus favorables aux divers intérêts de la classe ouvrière, afin de toujours protéger les travailleurs dans les âpres luttes de la vie et de les mieux armer pour la propagande — l'action réformatrice, ainsi pratiquée tendant, non à remplacer ou à atténuer l'action révolutionnaire, mais à l'accentuer et à la servir.

C'est dans cet esprit que notre Groupe socialiste au Parlement a, dans sa déclaration de janvier dernier, affirmé sa volonté nette de se mettre au service du Parti pour sa propagande dans le pays et pour transporter au sein même des assemblées législatives bourgeoises la lutte de classe en opposant à toute action capitaliste la conception socialiste dans son intégralité.

Ni le bloc des gauches, ni le ministérialisme, condamnés à la fois par nos conceptions doctrinales et par l'expérience, ne trouveront dans nos rangs la moindre chance de succès. Le Parti socialiste (S.F.I.O.) demeure un parti de lutte de classe et d'opposition, et mènera une lutte acharnée contre tout système économique et politique qui n'aura pas reconnu et proclamé le total affranchissement du monde du travail.

Le Parti, les Syndicats et les Coopératives

Le Parti ne veut s'associer en aucun cas à la campagne de dénigrement menée, toujours sur l'ordre de Moscou, contre la Confédération Générale du Travail et les coopératives, menacées dans leur unité et leur existence.

Certes, tout en tenant compte de l'autonomie nécessaire de chaque organisation, il conseille à ses membres, à qui il fait un devoir d'appartenir aux syndicats de leurs professions et aux coopératives, de ne pas perdre une occasion de travailler au rapprochement, à l'entente de toutes les organisations du prolétariat : Parti, Syndicats, Coopératives.

Il appellera, en conséquence, les travailleurs français à s'inspirer des méthodes en usage dans presque tous les pays (Angleterre, Belgique, Italie, Suisse, Allemagne) qui, sous des modalités et aspects différents, tendent à dresser contre le capitalisme, en un seul faisceau, toutes les forces prolétariennes, s'appuyant les unes sur les autres, pour une action plus cohérente, plus vigoureuse et plus effective.

Mais il aura, plus particulièrement dans les circonstances présentes dont il est inutile de souligner la gravité, le souci de sauver ce qui peut encore être sauvé d'unité ouvrière, nationale et internationale, en attendant le retour à l'unité totale en dehors de laquelle il ne saurait y avoir, pour le prolétariat mondial, aucune espérance de véritable révolution.

La question de l'Internationale

C'est également dans cet esprit d'unité que le Parti développera son action dans le domaine international.

Après que les partis socialistes d'Italie, des Etats-Unis, d'Espagne, de Suisse, de Norvège, d'Autriche, de Tchéco-Slovaquie, après que les Indépendants d'Allemagne, l'Indépendant Labour Party et d'autres de moindre importance, eurent quitté la IIe Internationale, soit pour adhérer à la IIIe Internationale, soit pour chercher d'autres voies dans le but de rétablir l'Unité internationale, le Parti français, en son Congrès de Strasbourg quitta, à son tour, la IIe Internationale.

Il n'y a pas lieu de revenir sur cette décision. Mais deux faits nouveaux sont venus, depuis, éclairer la situation.

D'une part, l'intransigeance brutale et l'insolence inconcevable de Moscou exigeant la soumission absolue des pensées et des consciences devant les théories et les méthodes du bolchevisme, mises en formules dans des assemblées d'où était absente toute représentation réelle du prolétariat international, attitude rendant impossible pour le moment toute adhésion à la IIIe Internationale des partis ayant quelque peu souci de leur dignité.

D'autre part, l'effort de regroupement des partis ayant quitté la IIe Internationale, effort commencé à la Conférence de Berne et que va poursuivre la Conférence de Vienne.

Ce n'est pas une nouvelle Internationale que nous entendons créer. C'est l'Internationale, c'est l'Unité internationale que nous voulons aider à reconstruire.

Sur ce terrain aussi, nous dirons que les Congrès internationaux du passé auxquels collaboraient les Bebel, les Jules Guesde, les Jaurès, les Vaillant, les Keir Hardie, les Adler... pour ne citer que ces noms illustres, nous fournissent des bases intellectuelles et politiques suffisantes pour atteindre le but désirable d'union dans la pensée et dans l'action des prolétaires de tous les pays. S'il faut, en présence de la réaction et de l'impérialisme déchaînés dans le monde entier, renforcer nos théories, réviser nos méthodes, les rendre plus efficaces contre le militarisme, le péril de guerre, les entreprises contre-révolutionnaires, nul d'entre nous ne s'y refusera. Mais nous proclamons bien haut que la condition de toute action, quelle qu'elle soit, ayant pour objet soit de défendre le prolétariat dans ses conquêtes de tous ordres, soit de l'aider dans de nouveaux efforts en vue de sa définitive libération, est, avant tout, de réaliser, partout et toujours, l'unité des groupements ouvriers et socialistes, unité nationale et unité internationale.

Vive le Parti socialiste (S.F.I.O.) !

Vive l'Internationale ouvrière !

La résolution sur la politique extérieure

Le Conseil national du Parti socialiste (S.F.I.O.), réuni en session extraordinaire le 13 février 1921, à Paris, rappelle que le Parti socialiste unifié (S.F.I.O.) s'est prononcé, lors de son Congrès de 1919 contre le *Traité de Versailles*. Depuis cette date l'expérience des faits a démontré que le Parti socialiste ne s'est pas trompé lorsqu'il a déclaré ce Traité inapte à faire sortir l'Europe du chaos économique et politique produit par la guerre et à mettre la France en état de réaliser ses légitimes revendications en ce qui concerne les réparations.

Les gouvernements des pays de l'Entente ne peuvent plus méconnaître aujourd'hui que la *solidarité économique internationale* pourrait seule permettre de rétablir un minimum d'équilibre financier et de régulariser la production ainsi que les échanges des matières premières et des marchandises. Ils n'ont cependant pas abandonné, lors de la Conférence de Paris, les règles du traité de Versailles, règles incapables de satisfaire aux exigences de la crise internationale actuelle.

Le Conseil national du Parti socialiste (S.F.I.O.) prend connaissance de *l'appel publié* le 3 février 1921, sous le titre « Contre la destruction de la vie économique ! Contre le bolchevisme et le chauvinisme nationalistes », par le *Comité central du Parti social-démocrate indépendant d'Allemagne.* Le Parti indépendant rappelle qu'il a toujours demandé la réparation des dommages causés à d'autres peuples par le militarisme allemand, et il adresse cette fois encore à son gouvernement la demande suivante : « Nous exigeons du gouvernement allemand qu'il entre en pourparlers sérieux et approfondis au sujet des revendications économiques et qu'il reconnaisse le devoir des réparations. »

Le *Comité central du Parti indépendant d'Allemagne,* tout en déclarant irréalisables les revendications économiques du capitalisme de l'Entente, tout en dénonçant les conséquences qu'elles exerceraient vis-à-vis non seulement du prolétariat allemand, mais des travailleurs du monde entier, *stigmatise* d'ailleurs dans le même appel *l'exploitation chauvine des décisions de Paris.* Il dit :

« Les hurlements des cercles allemands nationalistes demandant un front uni, n'ont d'autre cause que leurs projets réactionnaires tendant au rétablissement du militarisme et de la monarchie. Les revendications du capitalisme de l'Entente sont exploitées par les partis nationalistes en faveur d'une excitation guerrière chauvine contre « l'alliance ennemie ». La campagne guerrière a trouvé, dans le camp communiste, un appui. L'attitude des chefs communistes de Munich répond exactement à l'alliance des communistes russes avec Enver Pacha. Le Parti social-démocrate s'oppose de toute son énergie aux excitations guerrières, chauvines et bolchevistes nationalistes. »

Le Conseil national du Parti socialiste (S.F.I.O.) salue cette attitude nette du Parti indépendant contre toutes les formes du nationalisme allemand, attitude qui permettra aux socialistes français de défendre la très grande majorité du prolétariat allemand contre les dangereuses suspicions que la presse réactionnaire de notre pays a lancées contre lui en raison *de l'attitude des communistes bavarois.*

Le Conseil national approuve également le Parti indépendant d'avoir demandé *le désarmement,* en déclarant « qu'il s'agit du désarmement de la contre-révolution allemande, de l'anéantissement radical de tous les projets revanchards nationalistes ».

Le Conseil national croit devoir rappeler à cette occasion à l'opinion publique de France que *la politique pratiquée* depuis trop longtemps depuis l'armistice *en Bavière* et dans les pays occupés *par des diplomates et des généraux français* a contribué au renforcement de certaines formations, dont le caractère nettement militaire est aujourd'hui prouvé et dont la dissolution est demandée par l'Entente avec l'approbation de la classe ouvrière socialiste d'Allemagne.

Le Conseil national du Parti socialiste (S.F.I.O.) donne à ses délégués *à la Conférence de Vienne le mandat* d'entrer en pourparlers avec les camarades délégués du Parti indépendant d'Allemagne et de « l'Independent Labour Party » d'Angleterre en vue de préparer une *réunion commune des organisations politiques et économiques de la classe ouvrière de France, d'Allemagne et d'Angleterre,* réunion où seront envisagées les solutions pratiques, problème des réparations.

Le Conseil national du Parti socialiste (S.F.I.O.) exprime au prolétariat allemand, au nom duquel le *Parti indépendant* parle et dans lequel il voit l'incarnation de la volonté révolutionnaire, socialiste et républicaine de l'Allemagne nouvelle, sa sympathie fraternelle. Il souhaite *à l'Allemagne socialiste et ouvrière,* dans les grandes luttes imminentes entre elle et la réaction pangermaniste le succès qui, seul, pourra sauver sa constitution républicaine, menacée par la réaction militariste, — succès qui sera la condition d'une action de restauration et de rapprochement fécond entre les peuples et d'une lutte efficace contre la réaction et les courants militaristes dans les pays de l'Entente.

Ordre du jour sur la Révolution russe

Le Conseil national du Parti socialiste dénonce une fois de plus au prolétariat français la politique suivie par les gouvernements bourgeois à l'égard du peuple russe.

Il souligne que la reprise des relations économiques et politiques et l'établissement d'un régime de paix avec la Russie et avec le gouvernement des Soviets qui, dans l'état actuel des choses, assure contre la réaction internationale, la défense de la révolution russe, est la condition d'une paix générale.

Il déclare qu'un gouvernement qui se refuse à pratiquer une telle politique agit contre l'intérêt de la France elle-même.

Contre la dissolution de la C. G .T. et les répressions gouvernementales

Le Conseil national du Parti socialiste s'élève contre les poursuites politiques ordonnées par le gouvernement contre de nombreux militants appartenant aux organisations ouvrières, politiques et syndicales.

Ce n'est ni par des poursuites arbitraires, ni par des emprisonnements prolongés, que la bourgeoisie assurera la continuation de sa dictature sur la classe ouvrière.

Le Parti socialiste réclame la libération immédiate des militants arrêtés.

Fidèle à ses traditions, il proteste contre tout procès d'opinion et toute atteinte à la liberté de pensée.

* * *

Le Conseil national du Parti socialiste tient à joindre sa protestation à celle de toutes les organisations ouvrières contre la dissolution de la C. G. T. ordonnée par une bourgeoisie qui méprise assez pour la violer sa propre légalité; il s'élève contre cette mesure que la volonté du prolétariat rendra inefficace, mais qui trahit l'hostilité du Parlement et du Bloc national contre la classe ouvrière.

Contre le gouvernement espagnol

Le Conseil national du Parti socialiste (S.F.I.O.) proteste contre le régime de persécutions et de violences auquel est soumis le prolétariat d'Espagne.

Depuis deux ans, les garanties constitutionnelles y sont suspendues, les magistrats civils y ont été remplacés par des généraux aux ordres des juntes militaires et du haut patronat, et qui soumettent les populations à une répression abominable.

Partout on emprisonne, on déporte, on fusille les travailleurs en arguant d'un « terrorisme » qu'exercent, seuls, en réalité, les soudards galonnés de S. M. Alphonse XIII.

Les socialistes et les syndicalistes d'Espagne qui, dans des circonstances difficiles, se défendent vaillamment contre un tel régime, adressent d'émouvants appels au prolétariat international. Déjà, le Bureau de l'Internationale syndicale a protesté en vain auprès du gouvernement espagnol.

Le Parti socialiste (S.F.I.O.), à son tour, dénonce à l'opinion publique mondiale les faits scandaleux dont est victime la classe ouvrière espagnole; il réclame pour elle, comme il n'a cessé de le réclamer pour le prolétariat français, l'exercice de la liberté d'association.

Les socialistes français envoient à leurs camarades du Parti et de l'Union des Travailleurs espagnols l'expression de toute leur affectueuse sympathie dans la pénible lutte qu'ils soutiennent contre un pouvoir de régression sociale intense, pour lequel les crimes et les persécutions contre les travailleurs sont devenus des moyens ordinaires de gouvernement.

Pour la revision des statuts en vue du renforcement de la discipline

J. Parvy, Nardon, Goude et Le Goïc, au nom des Fédérations de la Haute-Vienne et du Finistère, avaient déposé la motion suivante :

Le Conseil national demande à la C. A. P. de mettre à l'étude la révision des statuts du Parti et de présenter un rapport à la prochaine assemblée générale.

Le Conseil National adopta cette motion. Le secrétariat demanda aux deux Fédérations, au lendemain du Conseil, de lui envoyer leurs propositions de modifications. Ces propositions ne lui étant pas parvenues, la question sera mise à l'étude pour une prochaine assemblée du Parti.

La Conférence des secrétaires fédéraux

La situation financière du Parti et celle du *Populaire* préoccupèrent la C. A. P.

Il n'était pas douteux qu'avec les seules ressources procurées par les effectifs réduits, — dont il fallait déduire les cotisations encaissées par l'ancien Parti, — les dépenses strictement nécessaires pour assurer la réorganisation du Parti dépassaient considérablement les recettes assurées, malgré les économies et le resserrement des services centraux.

D'autre part, malgré les premiers fonds recueillis pour le *Populaire,* l'effort méritoire et sérieux accompli par les uns et par les autres ne suffisaient point.

Pour attirer l'attention du Parti sur cette double situation, pour le mettre au courant, la C. A. P. décida de provoquer une réunion des secrétaires de Fédérations qui se tint à Puteaux le 26 juin.

La C.A.P. proposait une cotisation volontaire de 2 francs par membre; elle ne demandait pas à la Conférence fédérale de prendre des décisions qui statutairement appartenaient au Conseil et au Congrès, mais simplement le concours des secrétaires fédéraux pour faire à leur Fédération la démonstration de la nécessité de cette imposition volontaire et d'obtenir des groupes que par des moyens appropriés ils consentent à trouver les fonds nécessaires.

La Conférence fédérale vota la résolution suivante à l'unanimité, présentée par L. Creen, secrétaire du Morbihan :

La Conférence des secrétaires accepte la suggestion de la C. A. P. relative à la situation financière du Parti pour l'année 1921; elle laisse aux Fédérations le soin de prévoir les modalités de cette perception égale à 2 francs par membre, mais déclare que le versement de cette somme constitue une obligation morale à laquelle aucune Fédération ne voudra se soustraire.

Pour le *Populaire*, après avoir entendu l'exposé exact de la situation par Paoli, la Conférence affirma avec la même unanimité que le devoir des Fédérations et des membres du Parti était de seconder, par leurs souscriptions d'actions et d'obligations, par la propagande en faveur des abonnements, les efforts de l'administration du journal dont toutes les mesures envisagées par elles, y compris la proposition Pressemane (trouver 200 collecteurs de 5.000 francs d'actions) furent adoptées.

Une résolution fut également votée, après un exposé de Laîné, pour que les Fédérations secondent activement la propagande de la Fédération Nationale des Jeunesses.

*
* *

La Conférence vota également, dès son ouverture, les deux ordres du jour suivants :

La conférence des secrétaires fédéraux du Parti socialiste (S.F.I.O.) s'élève avec indignation contre l'attentat à la liberté de pensée perpétré par le gouvernement, sous couleur de combattre la propagande antimilitariste. Elle compte sur le Groupe parlementaire du Parti pour s'opposer de toutes ses forces à la nouvelle loi scélérate projetée.

*
* *

La conférence des secrétaires fédéraux du Parti socialiste (S.F.I.O.) félicite le *Populaire* de la campagne qu'il mène contre les chefs militaires qui se sont rendus coupables de véritables assassinats ;

Elle félicite aussi les camarades Aubry, Valière, Parvy, Chauly, Betoulle et Pressemane de l'initiative qu'ils ont prise de soulever un débat parlementaire sur cette douloureuse question. Elle compte sur leur dévouement et sur l'énergie de tout le Groupe socialiste au Parlement pour obtenir la punition des coupables et les réparations nécessaires pour les familles des victimes.

Solidarité internationale

La C. A. P. a reçu diverses visites de délégués des Partis socialistes étrangers. En janvier, sa Commission des Relations internationales entendit la délégation du Parti socialiste polonais et, le 11 mai, en assemblée de la C. A. P., le camarade Posner, qui exposa devant elle la situation du Parti socialiste en Pologne.

*
* *

En février, saisie par la délégation géorgienne à Paris, de la situation en Géorgie à la suite de l'invasion par l'armée rouge bolcheviste, la question fut renvoyée à sa Commission des Relations internationales, qui rapporta en avril devant la C. A. P.

Le 3 mai, audition de Noé Jordania, ancien président du gouvernement de la République socialiste de Géorgie, président du Comité central du Parti social-démocrate, et Tseretelli, ancien chef de la légation géorgienne à Paris, délégués du Parti socialiste et des syndicats ouvriers.

Ils expliquèrent les événements qui ont eu pour conséquence l'occupation du pays par les bolchevistes russes.

Dans sa séance du 25 mai, elle votait le Manifeste suivant :

La Commission administrative permanente du Parti socialiste (S.F.I.O.) demande aux travailleurs de France de protester avec elle contre l'assassinat de la République démocratique socialiste de Géorgie, perpétré par le gouvernement bolcheviste de la Russie.

La C. A. P. met hors de cause les prolétaires russes, mais elle accuse le gouvernement qui agit à l'heure actuelle en leur nom.

Le gouvernement russe a trompé les prolétaires de l'Europe lorsqu'il a prétendu n'être intervenu que pour soutenir l'Arménie soviétisée dans une contestation de frontière avec la Géorgie.

La vérité est que le gouvernement russe a lancé sur la Géorgie une première armée russe, juste avant la conférence qui allait régler le différend de frontières. Les Géorgiens résistèrent héroïquement. Ils allaient repousser l'invasion quand surgirent l'une après l'autre, sur quatre autres points de la frontière géorgienne, quatre autres armées russes, qui se trouvaient à pied d'œuvre, et bientôt après une cinquième armée, turque, celle-ci, qui, comme les quatre précédentes, n'avait attendu qu'un signal pour se précipiter sur la Géorgie.

La République démocratique socialiste de Géorgie était en paix signée avec la Russie. Elle avait fait son devoir vis-à-vis de la République russe, en refusant de prêter appui à ses ennemis; en particulier, loin de se laisser embaucher par Denikine, elle s'était battue contre lui et avait désarmé ses troupes. Mais les socialistes géorgiens avaient créé un Etat démocratique où était respectée, affirment-ils, la liberté des citoyens; ils avaient réellement socialisé tout ce qui pouvait l'être dans un pays économiquement moins développé que l'Europe ; ils avaient fondé la force politique de leur jeune République sur le suffrage universel et sur le contrôle de l'Etat par des conseils ouvriers et paysans librement élus, sa force économique sur la collaboration de libres syndicats. Ainsi constituée, ainsi vivante, la République de Géorgie était comme un reproche permanent insupportable aux bolcheviks.

Aujourd'hui les libertés données au peuple géorgien sont supprimées; les principales institutions démocratiques créées par lui sont détruites. La Géorgie est occupée par une armée immense et submergée par un flot de bureaucrates bolcheviks; ses richesses sont jour à jour dévorées. Protestons pour la sauver.

Le prolétariat socialiste de l'Europe, déjà, n'a pas laissé sans protestation cette confiscation criminelle d'une république ouvrière et paysanne. Déjà nos camarades du Parti indépendant d'Allemagne, les représentants d'autres fractions du socialisme mondial, ont élevé leur protestation. Celle du Parti socialiste de France ne sera pas moins nette.

Confirmée dans le droit du peuple géorgien par les déclarations qui lui ont été faites par les camarades Jordania, qui est président du Conseil de Géorgie, et Tseretelli, qui est l'homme qui joua un rôle éminent dans la révolution russe de mars 1917, la C. A. P. demande avec eux et tout le Parti demandera avec eux l'évacuation de la Géorgie par les soldats et les fonctionnaires du gouvernement russe.

En outre, la C. A. P. accueille favorablement la proposition votée récemment à Tiflis par 3.000 représentants du Parti social-démocrate, formulée en ces termes : « Nous voudrions que les deux courants du mouvement ouvrier de l'Europe — socialistes et communistes — forment une commission mixte sous le contrôle de laquelle aurait lieu, en Géorgie, un vote libre qui ferait ressortir la volonté des travailleurs du pays. La question de la composition de ladite commission serait réglée d'accord entre le Comité central du Parti social-démocrate de Géorgie et le Parti communiste. »

*
* *

A sa séance du 19 juillet, elle recevait :

Engberg, député socialiste suédois, qui donna des renseignements sur la situation du socialisme en Scandinavie.

Morris Hilquitt, qui informa des efforts accomplis aux Etats-Unis pour la réorganisation du Parti socialiste américain.

Tcheidzé, ancien président du Soviet de Pétrograd, qui donna de nouveaux renseignements sur la Géorgie.

*
* *

En fin juillet, visite de Wallead, de l'Independant Labour Party d'Angleterre et, le 2 août, visite de Crispien, président du Parti Socialiste Indépendant d'Allemagne, et de Ben-Riley, de l'Independant Labour Party.

A la séance du 9 août, Paul Faure souhaitait également la bienvenue à Breischteid, député socialiste indépendant d'Allemagne, et donnait connaissance d'une lettre fraternelle du Parti socialiste du Luxembourg, qui demande à établir des relations avec le Parti socialiste S. F. I. O. L'assemblée acquiesça à cette demande et tâchera, à l'automne, d'envoyer un de ses membres en Luxembourg.

Dans le courant de la même semaine, une délégation de socialistes tchéco-slovaques rendit visite au Bureau du Parti.

*
* *

Dans sa séance du 26 avril, la C. A. P. avait examiné la situation du Parti socialiste italien aux prises avec les violences fascistes accomplies avec la complicité des gouvernants de l'Italie; elle faisait appel à l'opinion publique pour protester et le secrétaire général transmettait au secrétaire du P. S. I. le télégramme suivant, à l'occasion des élections du 15 mai:

TÉLÉGRAMME 14 mai.

Le Parti Socialiste français est de cœur avec le Parti Socialiste italien dans sa bataille électorale.

Il flétrit les ignobles attentats fascistes, tolérés par un gouvernement complice, qui soulèvent l'indignation du prolétariat français tout entier. Nous faisons des vœux pour que le socialisme sorte victorieusement de cette épreuve.

Nous adressons aux travailleurs italiens, aux courageux militants socialistes l'expression de notre solidarité internationale et de nos sentiments les plus fraternels.

*
* *

Le 19 juillet, elle faisait entendre sa protestation contre les persécutions en Russie des social-démocrates russes et dans sa séance du 26 juillet, sur la proposition de Jean Longuet, la C. A. P. votait, à titre de manifestation de sympathie, une somme de 200 francs à la souscription en faveur des social-démocrates russes, persécutés et emprisonnés en Russie.

*
* *

En janvier, J. Longuet avait mis au courant la C. A. P. des délibérations de la réunion d'Innsbruck (préparation de la Conférence de Vienne) et Paul Faure du Congrès du Parti socialiste italien, à Livourne.

*
* *

Le rapport des délégués au Bureau socialiste international de Vienne portera sur: 1° les décisions de la Conférence internationale tenue dans cette ville; 2° les résultats de la Conférence anglo-franco-allemande, d'Amsterdam, sur les réparations, dont l'initiative revient au Parti S.F.I.O.; 3° sur la proposition du Labour Party (Congrès de Brighton) demandant un échange de vues entre le *Comité de la IIe Internationale* et le *Comité de l'Union des Partis socialistes de Vienne;* 4° sur la proposition du Parti socialiste (S.F.I.O.) au Parti socialiste indépendant d'Allemagne pour une Conférence anglo-franco-allemande au sujet des sanctions, réparations et Haute-Silésie; 5° sur la réunion du B. S. I. à Francfort.

Au secours de la Russie affamée

Fin juillet et commencement août, la C. A. P. étudia la situation; elle demanda aux fédérations du Parti: 1° d'ouvrir des souscriptions parmi leurs adhérents; 2° de faire appel à l'opinion publique pour recueillir des fonds; de faire déposer par ses élus dans les assemblées départementales et communales, des demandes de crédits de secours. Elle décida qu'un seul organisme lui paraissait qualifié pour centraliser les secours: l'Internationale syndicale d'Amsterdam, qui s'est organisée en vue de cette centralisation et compte dans son sein des socialistes de toutes les fractions. En conséquence, après accord avec le bureau de la C. G. T., elle invita les souscripteurs socialistes à adresser les fonds au trésorier de la C. G. T. Elle adressa aux travailleurs l'appel suivant:

Les nouvelles qui parviennent depuis quelques jours de la Russie nous révèlent qu'une partie importante de la population de ce pays est en proie à une grande misère et que les épidémies y font d'innombrables victimes.

Le monde s'émeut, un vaste mouvement de solidarité se dessine dans tous les pays pour combattre le mal et soulager les souffrances où sont plongés des millions d'êtres.

Le Parti Socialiste (S. F. I. O.), composé de tant de cœurs généreux et dévoués, se doit à lui-même, à son passé, à ce qu'il a été et qu'il est demeuré, en dépit des mauvaises querelles et des scissions, de participer, au premier rang, à tout ce qui sera tenté pour mettre aussi vite que possible un terme à l'infinie détresse qui frappe une contrée de l'Europe. Jamais il n'a manqué au devoir de bonté et de solidarité qui fait partie de son bagage moral. Au cours de toute son histoire, il a montré sans cesse qu'aucune souffrance humaine, aussi lointaine qu'elle fût, ne le laissait indifférent.

Aujourd'hui, comme hier et comme demain, il saura tendre

une main fraternelle et secourable à ceux qu'un destin cruel atteint et meurtrit.

Nous invitons donc, de la façon la plus pressante, nos fédérations, nos sections, nos groupes, nos amis de partout, à seconder activement les comités déjà constitués en vue de venir en aide au malheureux peuple russe, ou à prendre l'initiative d'en fonder là où il n'en existe pas encore.

Pour les groupes ou camarades qui auraient déjà recueilli des souscriptions, des indications ultérieures seront données concernant la centralisation des fonds.

Il ne saurait être question d'une œuvre de parti. Des hommes, des femmes, des enfants, en nombre immense, crient vers nous de faim et de douleur. Il n'y a pas une minute à perdre, ni un concours à écarter : les secours, pour être efficaces, doivent être abondants et rapidement dirigés vers leur destination.

La C. A. P. est, au surplus, convaincue que les initiatives individuelles, aussi généreuses et empressées qu'elles soient, ne parviendront pas à enrayer le fléau qui sévit sur une population dont le chiffre dépasse la moitié de celui de la France. Aussi estime-t-elle que les gouvernements sont dans l'obligation, sous peine de manquer aux principes les plus élémentaires de la civilisation, d'aller au secours du peuple russe, avec toutes les forces et les moyens dont ils disposent, par des envois immédiats de vivres et de médicaments, même si les mesures prises devaient nous ramener momentanément à la période des restrictions. Eloignons de nous toute démagogie.

Au secours du peuple russe sans délai ni conditions ! Tel doit être le mot d'ordre jeté partout au nom de la conscience humaine.

Répandons-le autour de nous, dans tous les milieux. Contribuons, pour notre part, à créer l'atmosphère de solidarité internationale qui permettra la réalisation de l'effort nécessaire, effort immense, permanent et prolongé, si l'on veut qu'il soit efficace. Car il ne s'agit pas de l'œuvre d'un jour. Ce ne sont pas quelques centaines de mille francs, ni quelques millions, même dans le cas où villes et villages, où règnent la faim et la misère, seraient en mesure de se ravitailler, qui résoudront le tragique problème de la famine. Souscrivons, faisons cela, faisons-le sans compter, mais songeons à faire plus et mieux. Qu'à travers tout le pays nos groupes, nos militants saisissent l'opinion publique, l'informent et l'animent, que nos élus agissent au sein de toutes les assemblées, qu'enfin le gouvernement, sous la pression du peuple, de ce peuple de France dont la générosité était hier proverbiale, entende les voix de l'humanité, qu'il prenne même l'initiative de rapides conversations avec les gouvernements étrangers, afin qu'une entente internationale étroite préside à une organisation centralisée des secours qu'il importe d'apporter à la misère du peuple russe.

Ainsi, chacun aura accompli ce que commandent à tous les devoirs de la Civilisation!

La Commission Administrative Permanente.

Les décisions de Vienne et le Premier Mai

Conformément aux décisions prises à la Conférence internationale de Vienne, la C. A. P. adressa, le 4 mars, à toutes les fédérations du Parti, une invitation, à entreprendre une vive campagne de protestation contre la politique impérialiste de tous les gouvernements.

Le 13 mars, les fédérations du Parti devaient organiser de grandes démonstrations dans les villes ou grands centres de leur département, et inviter les sections fédérées à se réunir à la même heure, à voter des ordres du jour de protestation identiques, qui devaient être envoyés aux pouvoirs publics. Un schéma de conférence et le texte de l'ordre du jour furent également envoyés aux fédérations. Quelques grandes réunions furent organisées à Paris, Lille, Bordeaux, Grenoble, Limoges; un certain nombre de fédérations nous firent connaître le résultat de l'effort qu'elles et leurs sections avaient accompli, mais il n'est pas douteux que l'ensemble de la démonstration au point de vue national n'eut ni l'ampleur ni l'éclat désiré par suite du peu de temps dont le Parti disposa et le manque d'orateurs à la disposition des fédérations organisatrices de ces meetings.

L'effort du Parti se continua néanmoins par les interventions de nos élus au Parlement, et à l'occasion du Premier Mai, tout en invitant les fédérations à manifester en plein accord avec les organisations syndicales adhérentes à la C. G. T., la Commission administrative permanente et le Groupe socialiste au Parlement profitaient de cette occasion pour leur demander d'organiser des réunions au cours desquelles seraient rappelées les décisions de Vienne, et où serait porté à l'ordre du jour le problème des réparations. La C. A. P. et le Groupe publiaient le manifeste suivant:

Le Premier Mai 1921

Voici plus de trente ans qu'à l'appel de leurs organisations de classe les travailleurs du monde entier participent aux manifestations du Premier Mai.

C'est partout le grand jour des revendications ouvrières.

Il s'agit d'affirmer la solidarité internationale du prolétariat, de rappeler que seule l'application du socialisme affranchira le travail, libérera les hommes et les peuples. Il s'agit, en outre, de formuler sur les problèmes les plus immédiats, en termes nets et énergiques, les volontés et les points de vue réfléchis de la classe ouvrière.

Le Parti Socialiste (S. F. I. O.) reste fidèle à cette tradition glorieuse. Il invite ses membres et les masses sur qui s'exerce son influence, à manifester dans cet esprit en accord, autant que possible, avec les organisations syndicales.

La guerre, les haines imbéciles, créées et entretenues par les gouvernements capitalistes, ont développé en lui, au lieu de les affaiblir, les sentiments internationalistes et l'ont convaincu de la nécessité de resserrer les liens de solidarité entre les peuples.

L'examen de la situation générale, l'inextricable complexité des problèmes financiers, la gravité des crises économiques, l'inefficacité ou les périls des solutions suggérées ou entreprises par la bourgeoisie de tous les pays, lui font un devoir et lui fournissent l'occasion de montrer à la classe dépossédée, aux peuples ruinés et martyrisés, que le salut du monde et de la civilisation réside dans l'application des doctrines du socialisme, plus vraies et plus vivantes aujourd'hui qu'elles ne le furent jamais.

Que la grande vérité du socialisme libérateur soit donc clamée à tous les échos par tous nos militants et dans toutes nos manifestations du Premier Mai. Que ce soit dans la vie sociale, comme dans la nature, le réveil et le renouveau ! Que dans nos veines coule un sang plus riche et plus chaud, afin que soit mieux fertilisé le champ de l'action et plus proche la transformation révolutionnaire du monde !

Le Premier Mai ne doit pas seulement servir à des affirmations doctrinales et permettre aux foules un hymne d'idéalisme révolutionnaire. Il doit être cela et autre chose.

Hier, c'était pour les huit heures, pour telle ou telle revendication importante, c'était contre la politique intérieure de réaction, contre le danger de l'impérialisme que le chômage se généralisait et que derrière nos rouges bannières, sur nos rues et nos boulevards, emplis d'une foule immense, grondaient les menaces et les protestations populaires.

Les divisions imbéciles et criminelles dont les organisations ouvrières et socialistes ont été victimes dans le monde entier, ne permettent pas d'espérer que le Premier Mai sera célébré cette année, avec tout l'éclat désirable.

Que cette marque de faiblesse soit une leçon et fasse au moins réfléchir les coupables artisans de ces querelles fratricides dont la bourgeoisie, la réaction et le militarisme sont les seuls bénéficiaires !

En France, nous souffrons peut-être plus qu'ailleurs de ces divisions et de cette impuissance.

N'est-ce pas, en effet, notre bourgeoisie, notre Chambre du Bloc National, nos ministres et nos diplomates, qui donnent le spectacle de la réaction la plus violente et la plus stérile?

C'est ici, par conséquent, que serait le plus utile l'unité de front du prolétariat pour dresser les masses ouvrières et opposer leur politique et leurs conceptions à celles de la bourgeoisie en ce qui concerne la solution de problèmes laissant momentanément subsister le régime capitaliste.

C'est le cas par exemple pour les « réparations ».

Parce qu'on n'a pas voulu jusqu'ici rechercher les moyens pratiques et raisonnables suggérés par nous et par la C. G. T., qui eussent permis immédiatement de soulager les détresses des populations et de réparer les ruines des régions dévastées, voici que nous sommes menacés de la mobilisation, et, la violence appelant la violence, voici que nous voyons de nouveau l'horizon se charger d'orages où cette fois peuvent sombrer pour longtemps les possibilités de développement de la civilisation humaine.

Et comme par un insolent défi, c'est le Premier Mai qui a été choisi pour inaugurer cette politique de violence et de coercition, le Premier Mai des travailleurs, le Premier Mai de la Fraternité des peuples et de la paix du monde !

Camarades,

Relevons ce défi, rappelons-nous nos luttes et nos élans du passé, debout pour le Premier Mai, et, ainsi que nous l'a demandé la Conférence socialiste internationale de Vienne de février dernier, manifestons :

Contre toute solution de violence pour résoudre les problèmes posés par la guerre ;

Contre toutes clauses qui auraient pour résultat d'accroître la misère et l'asservissement des ouvriers d'Allemagne en même temps qu'elles prépareraient une concurrence désastreuse pour les travailleurs des autres pays ;

Contre le militarisme et le retour d'un nouveau massacre ;

Pour affirmer la volonté de paix de la classe ouvrière ;

Pour la révision générale des traités de paix et le désarmement ;

Pour le droit des peuples à disposer librement d'eux-mêmes ;

Pour l'application, à la solution des problèmes économiques, des principes de solidarité internationale.

Réclamons aussi, d'un même cœur, d'une même voix : l'amnistie totale qui libérera toutes les victimes des conseils de guerre et ouvrira les geôles des marins de la mer Noire.

Vive le socialisme ! Vive l'Internationale ! Vive le Premier Mai!

LA C. A. P. ET LE GROUPE PARLEMENTAIRE.

La mobilisation de la classe 19

La C. A. P. vota le manifeste suivant, qui fut signé également par les membres du Groupe socialiste au Parlement :

CONTRE LE BRIGANDAGE CAPITALISTE

On mobilise.

On a mobilisé la classe 19 et des éléments d'autres classes. Les jeunes hommes de France sont en route pour la Ruhr. Jusqu'où va-t-on les conduire? Que peut-il se passer? Nul ne saurait le dire. Mais la sagesse commande de tout redouter !. N'est-ce pas un recommencement de guerre qui nous menace?

Tout cela, c'est la suite du Traité de Versailles. Les socialistes n'ont pas voté ce traité. Ils ont dit pourquoi. Ils ont dit qu'il n'organisait pas la paix générale, juste et durable; qu'il n'était pas la paix des peuples, mais celle des gouvernements, des capitalistes et des militaires.

Les dirigeants de l'Entente ont trahi les soldats de l'Entente. Après le traité de Versailles, ils ont continué la guerre contre le peuple ouvrier d'Allemagne. Ce peuple, au prix de son sang, avait renversé toute la réaction allemande. Par trois fois, il a tenté de développer la République allemande en République sociale. Mais les bourgeoisies et les militaires de l'Entente ont secouru la bourgeoisie et les militaires allemands. L'Entente elle aussi est responsable du martyre de Kurt Eisner, de Karl Liebknecht, de Rosa Luxembourg. La révolution allemande a été vaincue. L'Entente, aujourd'hui, trouve devant elle les hobereaux, les industriels, les agrariens, les financiers vainqueurs de la révolution.

Les travailleurs allemands auraient réparé chez nous loyalement les dévastations terribles de la guerre. Les délégués des socialistes indépendants d'Allemagne ont signé avec nous, socialistes français et avec les socialistes anglais, à Amsterdam, les conditions des réparations. Mais les dirigeants d'Allemagne, comme les dirigeants de l'Entente, refusent de tenir compte de l'opinion, de la volonté des travailleurs socialistes.

Les premiers, vainqueurs de leur propre nation, résistent aux réparations que la justice et l'humanité commandent. Les seconds, vainqueurs de la guerre, sont moins soucieux de voir réparer nos ruines que de montrer leur force. A nouveau, deux capitalismes vont-ils s'affronter dans le fracas de la guerre?

Et vous, travailleurs de France, ne sentez-vous pas le poids de votre responsabilité?

Vous ne nous avez pas écoutés aux heures où il fallait nous entendre. Vous avez laissé écraser la révolution allemande — qui était aussi votre révolution et qui était au moins votre sauvegarde. Vous avez porté au pouvoir, en France, la réaction la plus imbécile et la plus violente. Vous êtes la proie des maîtres qui, pour mieux régner sur vous, vous opposent aux travailleurs d'autres nations. Suprême folie! Nombre d'entre vous se sont livrés à ceux qui, dans chaque nation, divisent le prolétariat et le réduisent à une misérable impuissance.

Fassent les destins que vous ne payiez pas de votre sang d'aussi lourdes fautes!

Camarades, ressaisissez-vous! Il n'est jamais trop tard pour un peuple. Il n'est rien que les gouvernements craignent autant que la vigilance des prolétaires.

Criez que vous ne voulez pas d'un recommencement de guerre.

Criez que les ruines de la guerre ne peuvent être réparées que par la collaboration des peuples.

Prouvez votre foi en vous unissant contre vos maîtres criminels. Le socialisme ne divise pas les travailleurs: il les unit. Accourez au Parti socialiste. Rentrez en hâte dans vos syndicats, hélas! désertés. Organisée dans chaque pays, organisée internationalement, ardente, généreuse, fraternelle, c'est la classe ouvrière qui fera la paix, toute la paix à jamais!

A bas la guerre capitaliste! Vive le socialisme international!

La Commune

La C. A. P., à l'occasion du 18 mars, adressa aux travailleurs de France le manifeste suivant:

Citoyens,

Il y a aujourd'hui cinquante ans que la volonté des gouvernants bourgeois, essayant d'enlever aux travailleurs de Paris, armés en garde nationale, les canons qui leur appartenaient, forçait le prolétariat, à une heure qu'il n'avait pas choisie, à exproprier révolutionnairement du pouvoir toutes les fractions de la bourgeoisie capitaliste et à prendre en mains l'outil des transformations sociales, l'Etat.

La date du 18 mars, que vous commémorez régulièrement chaque année depuis un demi-siècle, est celle de la première victoire de classe du prolétariat s'installant au pouvoir politique en vue de travailler à son affranchissement économique.

Le cours qu'a pris la Commune, sa chute et son écrasement dans le sang par toutes les catégories de la bourgeoisie, réconciliées contre elle, sont également riches en enseignements.

Vous vous rappellerez, en la fêtant aujourd'hui, que cette révolution ouvrière, qui succédait en les complétant aux insurrections lyonnaises de 1831 et 1834 comme aux journées de juin 1848, que cette révolution économique et sociale dont les racines remontaient jusqu'à Babeuf et à la conjuration des Egaux, fut un des plus grands épisodes de l'histoire de l'émancipation de votre classe.

Ces hommes, « pour la plupart illustres inconnus », comme le proclamait avec mépris un Louis Blanc, ces cordonniers, ces relieurs, ces « maçons », selon le mot du colonel fusilleur du 43e bastion, « qui voulaient gouverner la France », n'ont pu, contraints dès le lendemain de leur victoire, de se défendre contre l'armée versaillaise, qu'esquisser un commencement de mesures propres, non à réaliser de toutes pièces, sur un plan préconçu, une société nouvelle, mais à faire sortir, des conditions économiques données, les premiers éléments de cette « universalisation de la propriété », dont parlait leur *Déclaration au Peuple français* du 19 avril 1871.

Prolétarienne par sa naissance, par son action, par sa fin même, la Commune a été en même temps, par sa composition ainsi que par ses conséquences, un événement de caractère essentiellement international.

C'est pour cela que, pour la faire mourir, le vainqueur prussien a tout de suite prêté main-forte au gouvernement capitaliste de la France qu'il avait vaincue.

C'est pour cela que les partis socialistes du monde entier se sont, dès le premier jour, sentis solidaires d'elle et qu'en plein Parlement de l'Allemagne, le socialiste Bebel prononçait ces fortes paroles, revendiquant la fraternité avec la Commune parisienne qui, de l'aveu de Bismarck lui-même, révéla au chancelier de fer la véritable force d'avenir qui était dans le mouvement prolétarien international.

Vous vous souviendrez de tout cela, pour vous rendre compte, une fois de plus, que votre cause à vous, travailleurs, est la même que la cause des travailleurs de tous les pays avec lesquels vous ne devez faire qu'un dans la voie de votre libération de classe.

Les leçons de la guerre, le spectacle de cette Révolution russe que vous avez travaillé et travaillerez à garantir contre les capitalismes conjurés, celui des victoires éphémères des classes ouvrières d'autres pays, annulées ou paralysées par les efforts combinés des réactions bourgeoises environnantes, s'ajoutent au rappel de la Commune de 1871 pour vous convaincre que le sort d'un prolétariat, même triomphant de sa seule bourgeoisie, est lié à la puissance de tous les autres prolétariats. De même qu'enfermée dans Paris, n'ayant trouvé dans le reste de la France, malgré des efforts parfois considérables, mais vite arrêtés, que l'indifférence, l'impuissance ou l'inorganisation, la Commune a dû périr avec ses héroïques combattants, de même, au milieu d'une Europe encore sous le joug capitaliste, une révolution prolétarienne d'une contrée, si grande qu'elle soit, ne peut grandir et se développer entièrement.

C'est donc l'organisation en parti de classe, étendue, par-dessus les frontières, au prolétariat universel, qui peut amener le moment où, avec la fin des guerres, s'instaurera l'avènement d'une humanité affranchie de l'exploitation capitaliste.

Que cette pensée vous anime, travailleurs de France, le jour où vous célébrez dans la Commune ce qui ne fut qu'une aurore terminée dans la nuit des massacres et des déportations.

Groupez-vous, sur le terrain économique, dans cette Internationale syndicale unique qui, autour de son centre d'Amsterdam, rassemble toutes vos organisations corporatives.

Groupez-vous, sur le terrain politique, dans le Parti socialiste, Section Française de l'Internationale Ouvrière, où vous coopérerez tous ensemble, non seulement pour votre action en France, mais pour préparer, avec la conférence qui vient de se tenir à Vienne, la reconstitution de l'Internationale socialiste unique, brisée par la guerre, mais où pourront se rejoindre toutes les sections du prolétariat mondial pour l'action commune.

C'est ainsi que non contents de saluer le souvenir de la Commune de Paris, vous continuerez et achèverez son œuvre.

Vive la République sociale ! Vive l'Internationale des travailleurs !

La Commission Administrative Permanente.

A l'occasion de la Semaine sanglante, la C. A. P. s'associa aux deux belles manifestations organisées au Père-Lachaise et au cimetière Montparnasse, dont l'initiative et le succès appartiennent à la Fédération de la Seine.

La commémoration Jaurès

L'anniversaire de la mort de Jaurès fut célébrée par le Parti dans toute la France. A Paris, ce fut une véritable solennité organisée au Trocadéro par le Parti, la C. G. T., la Ligue des Droits de l'Homme et la Société des Amis de

Jaurès. Le concours du grand artiste F. Gémier et des militants dévoués de la Seine en assura le plein succès. Crispien, du P. S. I. d'Allemagne ; Ben-Riley, de l'I. L. P. d'Angleterre, y parlèrent aux côtés des orateurs de la C. G. T. et du Parti. Le Comité exécutif de l'Internationale syndicale nous adressa son témoignage fraternel signé des principaux leaders ouvriers, représentant plusieurs millions de travailleurs syndiqués.

En province, Renaudel, Bedouce et Auriol représentèrent le Parti à la translation des cendres de Jaurès dans le mausolée édifié par la ville au cimetière d'Albi.

A Marseille, Bordeaux, Narbonne, Toulouse, Limoges, Lille, Strasbourg, Grenoble, Brest, etc., etc., les manifestations organisées par le Parti groupèrent partout des foules de travailleurs.

Les cas de discipline

Le Conseil national du 13 février vota la motion suivante à l'unanimité, moins les mandats de la Fédération du Tarn :

> Le Conseil National, dans l'impossibilité présente où il se trouve d'examiner le problème de la participation des membres du Parti au B. I. T., estime néanmoins qu'il y a lieu dès maintenant, pour le citoyen Albert Thomas, de choisir entre sa qualité de directeur du B. I. T. et celle de député du Parti.
> Il charge la C. A. P. d'appliquer le présent ordre du jour.

Par sa lettre du 16 février, le secrétariat général communiquait la décision du Conseil national au camarade Albert Thomas qui lui faisait connaître par sa lettre du 26 février qu'il transmettait la décision à la Fédération du Tarn.

La C. A. P., en vue de l'application dont elle était chargée, désigna d'abord Vincent Auriol, puis J.-B. Séverac pour aller dans le Tarn.

Après échange de correspondances entre le secrétariat du Parti et celui de la Fédération, aux dates des 24-29 mars, 1er avril, 27 mai, 6 juin, 9 juin, le Congrès du Tarn, réuni le 28 août à Castres, vota une longue déclaration qui se terminait par la résolution suivante :

> En conséquence, le Congrès et la Fédération, utilisant à la fois et le droit de choix que lui confère la décision du dernier

Conseil national et les prérogatives que lui donne l'article 17 des statuts du Parti, décide qu'Albert Thomas, directeur du B. I. T., peut et doit conserver son mandat de député, en application de l'article 17 des statuts du Parti parce qu'il n'est ni exclu ni démissionnaire de ce dernier et que, d'ailleurs, même s'il était démissionnaire, la Fédération du Tarn, aux termes de l'article 17, a le droit de lui garder son mandat.

Soucieux de maintenir et de préserver de toute atteinte l'unité nécessaire des forces socialistes, unité dont Jaurès fut toujours l'apôtre écouté, soucieux avant tout de ne rien faire qui puisse nuire au respect indispensable de la discipline ou compromettre les relations quotidiennes avec les organes centraux du Parti, le Congrès fédéral demande à la C. A. P. et au Conseil national de ne pas considérer cette décision comme geste de résistance ou d'indiscipline, mais il leur demande de bien vouloir examiner à nouveau la situation créée par la dernière décision du Conseil national tant au point de vue de la politique générale que de celui des intérêts particuliers de la classe ouvrière tarnaise.

La C. A. P., après avoir pris connaissance de la résolution ci-dessus, donna mandat au secrétaire général du Parti d'indiquer à la Fédération du Tarn, que le cas étant réglé par la décision unanime du Conseil national, la résolution du Congrès fédéral du 28 août ouvrait un conflit entre la Fédération du Tarn et le Parti, que le Congrès national d'octobre serait appelé à trancher.

*
* *

La C. A. P. fut saisie, par la Fédération d'Eure-et-Loir, de la présence d'Alexandre Varenne à la manifestation Marceau, à Chartres, le 6 mars, sans l'assentiment préalable de la section locale ni celui de la Fédération.

Conformément à la délibération du 17 mars, le secrétariat rappela, par sa lettre du 18, à Alexandre Varenne, l'article 18 des statuts du Parti.

*
* *

La Fédération de la Seine posa la question de la vice-présidence de la Chambre des députés. En août, conformément à la réponse faite à la Fédération, Groussier s'est démis de ses fonctions de vice-président.

Les Fédérations de la Seine et de l'Indre-et-Loire posèrent la question des rapports des élus socialistes avec le pouvoir bourgeois, à l'occasion de la réception, par G. Delory, à Lille, de M. Millerand, et demandèrent qu'elle fut portée à l'ordre du jour du Congrès national.

La C. A. P. pense que les délégués de ces fédérations pourront intervenir sur cette question dans la discussion sur l'*action du Parti socialiste en France*.

*
* *

La Fédération de la Seine posa également : 1° la question de l'unité de vote à l'occasion de l'abstention de 8 membres du Groupe socialiste au Parlement, sur l'ensemble de l'ordre du jour Arago (scrutin du 26 mai) ; 2° sur la présence au Groupe démocratique du Sénat des deux sénateurs socialistes Bouveri et G. Fourment.

Ces deux dernières questions, à l'avis de la C. A. P., pourront être examinées dans la discussion sur le rapport du Groupe socialiste au Parlement.

RAPPORT DE LA TRÉSORERIE

présenté

au XIXe Congrès tenu à Paris, les 29-30-31 octobre et 1er novembre

par le Citoyen J.-P. Grandvallet, *Trésorier général*

Votre C. A. P., désignée dans la dernière séance du XVIIIe Congrès tenu à Tours, salle de l'hôtel de ville, fin décembre 1920, avait pour devoir de rechercher les ressources nécessaires au regroupement du Parti et d'assurer son fonctionnement.

Comme l'indique le rapport du secrétariat, elle tenta de se mettre en rapport avec le Comité directeur du Parti bolcheviste français, dont les délégués avaient, dès sa seconde entrevue, consenti à la répartition de l'avoir du Parti resté presque en totalité entre ses mains, sur la base de 1/3 pour le Parti socialiste S. F. I. O. et 2/3 pour le Parti S.F.I.C.

Mais le Comité directeur veillait et, brusquement, les rapports furent rompus. Il tenait à garder pour lui le bénéfice total de la possession du siège, des archives, de la bibliothèque, du matériel, du journal l'*Humanité,* et les 60.000 francs que le journal tenait à la disposition immédiate du trésorier du Parti.

Parodiant la coutume classique du larron qui se sauve en criant: « Au voleur ! », toute la presse bolcheviste, tous les propagandistes de ce Parti eurent l'ordre d'écrire et de crier partout que le citoyen Grandvallet avait volé la caisse, les livres et les pièces comptables.

Votre trésorier fut chargé, par la C. A. P., d'envoyer une lettre de rectification à l'*Humanité* qui lui en refusa l'insertion.

Voici cette lettre, parue dans le *Populaire* du 28 janvier:

Le 10 janvier, une délégation de la C. A. P. rencontrait une délégation du Comité Directeur communiste pour amorcer la solution des différents conflits entre ancien et nouveau parti. Frossard nous indiqua que la répartition devrait se faire sur la base de 2/3 et de 1/3. A cette proposition, nous opposâmes quelques arguments en faveur d'une base de 3/5 et 2/5, soit une différence de 1/15 entre les deux propositions.

Ensuite il fut question de l'*Humanité* où nous indiquâmes que, pour nous, cette question était plutôt une question morale, que nous considérions que ce journal, fruit de l'unité, devrait, tant que celle-ci serait brisée, être comme un drapeau « replié », le titre étant mis « en sommeil ». Celui-ci ne devrait être à nouveau sorti de sa gaine que pour fêter l'Unité le jour, que nous croyons proche, où celle-ci serait rétablie, ajoutant que, si satisfaction nous était donnée, nous nous prêterions avec la meilleure volonté au règlement de tous les intérêts matériels qui se rattachent au journal.

De notre côté, aucune menace, mais volonté de conciliation.

Le 13 janvier, seconde réunion de la C. A. P. et du C. D.

Le Comité directeur avait tenu à formuler ses propositions par écrit. Le citoyen Coen nous en donna lecture et je fis observer qu'il était injuste et déloyal à mon égard. Je rappelai que jusqu'au 6 janvier j'avais tenu, en attendant la désignation de mon successeur, à assurer loyalement son service;

Que j'avais, après la scission, *payé pour* 20.000 *francs de notes et factures; que je ne laissais aucune dette; que deux millions de timbres-cotisations étaient en stock; que* 150.000 *cartes étaient prêtes à être livrées par l'imprimeur;* que malgré qu'on m'eût refusé une machine à écrire j'avais donné 1.580 fr. à Dondicol, en attendant ses commandes de cartes et de timbres.

Je lui avais indiqué également qu'une somme de 60.000 francs, *remboursable le 15 décembre*, c'est-à-dire avant le Congrès, *n'avait pas été touchée par moi*, et était à sa disposition à l'*Humanité* qui, en ce moment, fait — d'après la déclaration de Landrieu, en novembre — 100.000 *francs de bénéfices par mois*. Que cette somme qui avait été offerte par moi, sur cette affirmation, afin de permettre à l'administrateur de l'*Humanité* de passer un marché de papier très avantageux, *était facilement recouvrable*.

Je fis remarquer également, qu'absorbé par l'organisation de ma nouvelle trésorerie, il m'était impossible de remettre immédiatement les livres de comptabilité avant que mes comptes de l'exercice 1920 ne soient apurés, et que je ne pouvais faire ce travail que la nuit ou pendant les soirées, quand elles n'étaient pas employées à une réunion, mais qu'il n'avait jamais été dans mes intentions de garder ces livres dont je n'avais que faire.

Devant ces observations, le Comité directeur modifia séance tenante son « communiqué » qui fut publié le lendemain 14 janvier.

Ce qui n'empêche pas Cachin, *qui était présent à cette réunion*, d'écrire le 21 dans l'*Humanité* que « le citoyen Grandvallet n'a laissé en tout et pour tout que 1.500 francs à son successeur pour assurer tous les services du Parti ».

La C. A. P. ayant remis au citoyen Cachin, le 19 courant, sa réponse aux propositions du Comité directeur afin qu'elle fût insérée dans l'*Humanité*, celui-ci, malgré sa promesse formelle, ne l'inséra pas parce qu'elle rétablissait la vérité; elle le fut dans le *Populaire* du 22 et communiquée à cette date au Comité directeur dont Renoult est un des membres.

Néanmoins, celui-ci, dans l'*Humanité* du 26, renouvelle les mêmes perfidies à mon égard. Il ajoute même une nouvelle infamie en disant que *j'ai enlevé les pièces comptables*, ce qui est *archifaux*.

Il déclare que c'est devant cette situation financière que fut décidée la souscription par le Comité directeur.

Une fois de plus, il ne dit pas la vérité, car le 6 janvier, pendant que je passais mon service à Dondicol, le citoyen Lévy, de la 11e section, est venu apporter son obole à la souscription *décidée la veille du jour où Dondicol a reçu les* 1.580 *francs qui me restaient en poche*.

Le Comité directeur lui-même, dans sa réponse à la C. A. P., réitère les mêmes calomnies dont il sait la fausseté.

Je ne sais ce que fera notre C. A. P. devant la fin de non

recevoir du Comité directeur à notre tentative de conciliation. Mais ce que je sais, c'est que si nous acceptions la répartition sur la base du tiers — proposée par les communistes — *il nous resterait encore beaucoup d'argent à recevoir de ceux à qui nous avons laissé un journal qui vaut plus de 2 millions*, un matériel et des collections et stocks divers au siège, d'une valeur d'au moins 120.000 francs et un capital liquide de 61.580 francs égal à celui que j'ai conservé intact en banque.

J.-P. Grandvallet,
trésorier du Parti socialiste (*S.F.I.O.*)

N.-B. — Aujourd'hui, nouvelle insinuation calomnieuse dans l'*Humanité*, au sujet de la librairie.

Voici exactement ce qui s'est produit. Il y a environ trois semaines, Binet me dit que le Parti (S.F.I.O.) devrait acquérir, pour faciliter sa propagande, un stock de volumes et de brochures de nos meilleurs auteurs socialistes, d'une valeur approximative de 8.000 francs. A cette époque, je lui répondis que je n'avais pas pour le moment les fonds disponibles pour passer ce marché. Ayant revu Binet, il y a quelques jours, je lui dis que j'étais en mesure de payer ce stock si toutefois la C. A. P. approuvait cet achat.

Celle-ci l'approuvait dans sa réunion du 25, et le 26, Binet avait commencé sa livraison quand il reçut l'ordre du Conseil d'administration de faire rentrer les brochures déjà livrées.

Je tiens à faire remarquer aux camarades de bonne foi que s'il s'était agi d'une opération délictueuse, le libraire n'aurait pas choisi pour sa livraison le jour de réunion du Conseil d'administration et qu'il aurait réparti celle-ci sur plusieurs journées afin de ne pas donner l'éveil. Mais comme il ne s'agissait que d'une opération honnête, celle-ci fut faite au grand jour. — J.-P. G.

A la suite de la rupture définitive des pourparlers, votre C. A. P., qui avait tenu tout d'abord scrupuleusement à ne pas se servir du dépôt de fonds qui était à la disposition de votre trésorier au Magasin de Gros, autorisa celui-ci à y prélever les sommes nécessaires au bon fonctionnement du Parti.

Mais un Parti de lutte comme le nôtre doit vivre par lui-même et doit être à même de consentir les sacrifices pécuniers nécessaires à son existence. Il doit avoir un fonds de résistance pour pouvoir pallier à l'imprévu.

La C. A. P. chargea sa Commission des Finances et la Trésorerie de lui présenter un projet de budget, qu'elle adopta quoiqu'inférieur de 131.101 francs sur celui de 1920.

Malgré que le travail de regroupement et de propagande soit plus indispensable qu'en 1920, où le Parti, malgré ses 178.000 adhérents, boucla son budget avec 15.000 francs de déficit, elle jugea cependant suffisant ce nouveau budget pour obtenir le minimum d'action indispensable. Mais comme celui-ci comportait l'imposition d'une cotisation supplémentaire de deux francs par adhérent, elle convoqua, le 24 juin, une conférence des secrétaires qui approuva, à l'unanimité, les mesures financières prises par la C. A. P. Il y était en outre décidé que ce Congrès devrait assurer des ressources normales au Parti par son budget de l'exercice 1922.

Voici un tableau indiquant les recettes et dépenses constatées en 1920 et au 31 août 1921, ainsi que celles prévues et adoptées par la conférence des secrétaires. Dans la dernière colonne, le budget prévisionnel pour 1922.

Budget du Parti Socialiste (S. F. I. O.)

RECETTES	BUDGET prévisionnel pour 1921	BUDGET constaté au 31 août	BUDGET prévisionnel pour 1922
1° Cotisations statutaires :			
55.000 cartes à déduire (10.550) (1)	22.500 »	21.440 »	55.000 »
440.000 timbres à déduire (82.300) (1)	40.700 »	40.287 10	88.000 »
53 députés et 2 sénateurs	66.000 »	47.300 »	66.000 »
12 conseillers municipaux (Paris)	1.440 »	630 »	1.320 »
2° Recettes diverses	4.000 »	13.676 50	» »
3° Cotisations supplément.	110.000 »	3.557 30	» »
Totaux	244.640 »	126.890 90	210.320 »

Nota. — Au 31 août, le Parti compte 53.419 adhérents avec 350.339 timbres.

La marche mensuelle du Parti suit le même pourcentage de progression que celui des dix années précédentes.

---

(1) Ces cartes et timbres ont été payés en décembre 1920 par les fédérations du Nord, de la Tunisie et de la Haute-Saône.

BUDGET DU PARTI SOCIALISTE S. F. I. O. (Exercice 1921)

DÉPENSES	Constatées en 1920	Prévues pour 1921	Constatées au 31 août 1921	Budget prévisionnel pour 1922
I. — Administration du Parti				
a) *Traitement du pers.*	67.195 65	61.100 »	44.375 »	62.000 »
b) *Frais généraux adm.*				
Loyer du siège	3.690 80	»	»	6.000 »
Frais du siège	3.320 55	530 »	185 05	2.000 »
Eclairage et chauffage	2.682 70	»	»	2.000 »
Téléphone	1.505 45	»	»	1.500 »
Fournitures de bureau	5.180 75	2.130 »	1.791 50	2.500 »
Frais de correspondance	1.768 95	2.080 »	1.137 60	2.000 »
Archives, bibl., abonnem.	639 30	560 »	21 75	500 »
Matériel	»	5.820 »	5.848 55	1.000 »
Dépenses divers. d'admin.	1.293 50	540 »	434 70	500 »
Impression cartes, timbres	36.748 15	9.640 »	3.151 40	6.000 »
Frais d'envoi	2.930 30	1.430 »	594 40	1.000 »
Organisation de manifestations	21.510 30	»	11.948 20	3.500 »
Loyer de la villa Jaurès	3.574 60	»	»	néant
	152.041 »	83.830 »	69.488 15	90.500 »
I. — Frais de Congrès et Conseils nationaux				
Délégations internation.	18.878 »	15.000 »	12.818 »	10.000 »
Cotisations internation.	»	12.000 »	2.000 »	12.500 »
Congrès national	48.410 75	4.000 »	»	4.000 »
Remboursement des délég.	10.564 50	6.000 »	»	6.000 »
Conseils nationaux	2.137 »		382 »	1.000 »
Remboursement des délég.	4.832 75	7.160 »	5.249 10	6.000 »
	84.823 »	44.160 »	20.449 10	39.500 »
III. — Frais de propagande				
Traitement des délégués	57.050 »	42.300 »	27.900 »	42.300 »
Frais de voyage et séjour.	41.030 35	22.470 »	16.004 75	25.000 »
Manifestes, affiches. circ.	15.017 20	4.640 »	3.243 15	4.000 »
Subventions aux Jeun. S.	4.567 75	2.000 »	1.900 »	2.000 »
Avances aux journaux du Parti	1.500 »	»	5.000 »	»
	119.165 30	71.410 »	54.047 90	73.300 »
IV. — Dépenses diverses				
Avances aux Fédérations.	2.000 »	11.500 »	12.514 50	»
Dépenses imprévues	1.378 80	1.600 »	411 75	1.500 »
Librairie, éditions	1.428 15	17.500 »	4 60	2.500 »
Caisse solidarité	»	»	1.140 »	1.000 »
	4.806 95	30.600 »	14.070 85	5.000 »
TOTAUX DES CHAPITRES.	360.836 25	230.000 »	158.056 »	208.300 »

Malgré son désir de compresser les dépenses, la C. A. P. a dû consentir une dépense extraordinaire de 5.848 fr. 55 pour achat de matériel.

Le regroupement des forces internationales nous obligea à de nombreuses et coûteuses délégations, soit 12.818 francs. De plus, l'imposition d'une cotisation internationale de 5 p. 100 sur les cotisations nationales, qui ne figurait pas aux budgets précédents, nous obligea de prévoir une somme de 12.000 francs.

Les élections législatives partielles dans des fédérations pauvres obligea la C. A. P. à une dépense exceptionnelle de 12.514 fr. 50.

Elle avait cru réaliser des économies sur les frais du siège qui sont supportés en grande partie par le *Populaire*, mais la situation de celui-ci ne lui a pas permis, puisqu'il nous a fallu lui consentir un prêt de 5.000 francs.

D'autre part, notre librairie était complètement démunie de brochures de propagande, et les 17.000 francs prévus seront presque en totalité dépensés, ayant servi à éditer ou rééditer :

3 brochures de Compère-Morel ;
1 brochure de Blum ;
2 brochures de Paul Faure ;
Le Manifeste communiste de Marx ;

Une brochure de Rouger est en préparation, et Auriol fut sollicité pour une brochure sur le problème financier.

Pour aider au regroupement, la C. A. P. fit éditer 4 tracts à des dizaines de milliers d'exemplaires qui furent mis à la disposition des fédérations. Ces tracts étaient intitulés :

Quels sont les dissidents?
La vérité sur les diffamations bolchevistes.
Les mensonges du Congrès de Tours.
Le Manifeste du Conseil National de février.

La C. A. P., sollicitée à de nombreuses reprises par la Fédération Nationale des Jeunesses, lui accorda une première subvention de 1.000 francs en janvier, et le Conseil National de février une de 900 francs. Une troisième demande de subvention fut ajournée.

L'organisation de la commémoration de la mort de Jaurès, qui fut un gros succès moral, fit un trou de *2.000 francs* dans le budget.

Comme vous le voyez, avec autant de besoins immédiats, la compression des dépenses fut difficile. Cependant, des économies furent faites sur les chapitres suivants : frais de bureau, de correspondance, d'envoi et d'impression de cartes, loyer de la villa Jaurès, frais d'organisation du Congrès. Un délégué permanent ne fut pas remplacé ; la délégation temporaire de Grumbach en Alsace-Lorraine ne fut pas maintenue et l'envoi d'orateurs de Paris, dans les départements, fut restreint, en dehors des députés et délégués permanents.

Au chapitre « personnel », un poste de dactylographe fut supprimé, un poste de secrétaire le fut également puisqu'il fut décidé que le secrétaire du groupe parlementaire serait également secrétaire adjoint du Parti.

Afin que la constitution des archives ne souffre pas de cette diminution du personnel, l'expéditrice fut remplacée par un expéditeur capable d'être employé utilement à la lecture des journaux et au découpage des documents.

Enfin, la pension de Camélinat fut supprimée.

Ce rapport financier étant arrêté au 31 août 1921, vous montre qu'à cette date les dépenses atteignent 158.056 fr., sans compter 12.000 francs dus pour impression de brochures, tandis que les recettes ne sont que de 126.890 fr. 90, ce qui fait que *31.165 fr. 10* ont été déjà prélevés sur l'avoir au 31 décembre 1920.

La C. A. P. demande donc aux Fédérations qui ne l'ont pas encore fait, de se mettre à jour des obligations qu'elles ont contractées envers la caisse du Parti.

Budget de l'exercice 1922

Forte de l'expérience de cette année, la C. A. P. vous propose le budget prévisionnel que vous trouverez dans la 4e colonne du tableau précédent.

Malgré que les 230.000 francs prévus pour 1921 seront vraisemblablement légèrement dépassés, vous remarquerez que le budget de 1922 ne prévoit que 208.300 francs de dépenses, la C. A. P. ayant été amenée à proposer ce chiffre afin de ne demander qu'une augmentation de 0 fr. 05 sur le timbre et de 0 fr. 50 par carte.

Son désir aurait été de pouvoir obtenir un budget de

250.000 francs, afin d'intensifier son action de propagande, d'éducation et de recrutement. Mais il aurait fallu, pour obtenir ce chiffre, soit une augmentation du nombre des adhérents, soit une augmentation de 0 fr. 15 par timbre.

Elle n'a pas voulu entrevoir la deuxième solution et ne veut pas trop escompter sur le recrutement. Elle préfère laisser le Parti juge de décider lui-même s'il préfère une action minimum à une action maximum.

Vous remarquerez au budget de dépenses que si près de 4.000 francs d'économies sont proposées au chapitre « matériel », nous avons augmenté tous les autres chapitres ayant trait aux frais du siège, d'une somme totale de onze mille francs (11.000 fr.)., cette mesure nous ayant paru nécessaire tant que la vie de notre *Populaire* ne sera pas assurée d'une façon certaine.

Nous avons pensé également pouvoir réaliser 4.800 francs d'économie sur l'impression et l'envoi des cartes; mais par contre, le besoin d'organiser certaines manifestations à Paris nous a montré la nécessité de prévoir une somme de 3.500 francs au chapitre « Organisation de manifestations ».

Nous croyons également que 5.000 francs peuvent être économisés sur les délégations internationales, mais, par contre, nous avons jugé nécessaire d'augmenter les frais de voyage de 2.500 francs.

Le Parti étant réorganisé, nous avons cru pouvoir économiser d'une part les 11.500 francs prévus pour avances aux fédérations et diminuer les dépenses de librairie de 15.000 francs,

Caisse de solidarité

Afin de permettre la constitution d'une caisse de solidarité dans chaque section, dans chaque fédération, ainsi qu'au siège du Parti, la C. A. P. a déjà fait fabriquer des insignes montées sur épingles et sur boutons, qu'elle délivre au prix de un franc pièce.

Nous vous proposons de faire éditer également un timbre spécial qui serait mis à la disposition des fédérations au prix de 0 fr. 25. Celles-ci pourraient le délivrer aux sections au prix qu'elles jugeraient nécessaire. Les sections également fixeraient le prix de vente à l'adhérent.

L'emploi de ces timbres serait *facultatif*.

Caisse électorale

Toujours pour inciter tous les organismes du Parti à une bonne organisation et à la prévoyance pour les luttes futures, nous vous proposons également l'édition d'un timbre spécial électoral dont l'emploi serait également *facultatif*. Celui-ci serait mis à la disposition des fédérations au prix de 0 fr. 50. De cette façon, toutes les fédérations voulant préparer dès maintenant des munitions pour les élections de 1924, et les sections, les fonds nécessaires pour les prochaines élections municipales et cantonales, verraient leur perception facilitée. Et la C. A. P. aurait plus de possibilités pour venir en aide aux fédérations engagées dans la lice électorale.

C'est par des efforts et des sacrifices continus, c'est par une bonne organisation que nous arriverons seulement à vaincre l'adversaire capitaliste.

Rapport du Groupe Socialiste au Parlement

présenté par Léon Blum

Ainsi que le rappelait le Groupe dans le rapport présenté au Congrès de Tours, les règles de son activité sont tracées de la façon la plus nette par la Résolution d'Amsterdam et par la Déclaration commune des organisations socialistes (Pacte d'Unité du 13 janvier 1905, auquel se réfère l'article 44 du règlement du Parti).

Aux termes de la Résolution d'Amsterdam, les représentants du Parti socialiste dans les Parlements ont une double tâche.

D'une part, ils doivent « persévérer dans leur propagande sur le but final du socialisme ».

D'autre part, ils doivent « défendre de la façon la plus résolue les intérêts de la classe ouvrière, l'extension et la consolidation des libertés politiques, revendiquer l'égalité des droits pour tous, continuer avec plus d'énergie que jamais la lutte contre le militarisme, contre la politique coloniale et impérialiste et s'employer énergiquement à perfectionner la législation sociale et à rendre possible à la classe ouvrière l'accomplissement de sa mission politique et civilisatrice... »

Aux termes de la déclaration commune :

« Au Parlement, le Groupe socialiste doit se consacrer à la défense et à l'extension des libertés politiques et des droits des travailleurs, à la poursuite et à la réalisation des réformes qui améliorent les conditions de vie et de lutte de la classe ouvrière... »

Qu'il nous soit permis d'opposer à ces formules traditionnelles quelques-uns des passages des thèses adoptées par le IIe Congrès de l'Internationale Communiste qui visent spécialement l'activité parlementaire.

« *Le Parlement ne peut actuellement, pour les communistes, être en aucun cas, le théâtre d'une lutte pour les réformes, pour l'amélioration de la situation de la classe ouvrière, comme cela a eu lieu à certains moments de l'époque précédente.* » (Page 75, Thèses.)

. . . .

« *L'action parlementaire, qui consiste surtout à user de la tribune parlementaire dans un but d'agitation révolutionnaire, à dénoncer les manœuvres de l'adversaire, à grouper politiquement les masses, etc., doit être subordonnée aux buts et aux tâches de la lutte en masse extra-parlementaire.* » (Page 79, Thèses.)

. . . .

« *Tout député communiste doit, selon les décisions du Comité central, unir le travail illégal au travail légal. — Dans les pays où les députés communistes bénéficient encore, selon les lois bourgeoises, de l'immunité parlementaire, cette immunité doit servir à l'organisation et à la propagande illégale du Parti.* » (Page 88 Thèses.)

L'examen et le rapprochement de ces deux séries de textes permet de concevoir avec clarté ce que devait être, ce qu'a été l'action du groupe à la Chambre.

Ce n'est pas notre affaire de rechercher si le groupe communiste constitué après le Congrès de Tours — et qui a choisi le titre de « Groupe socialiste parlementaire ! ! » — s'est ou non acquitté du rôle que lui prescrivaient les thèses, devenues, du fait même de l'adhésion à l'Internationale de Moscou, la loi impérative du Parti communiste. Dans la très grande majorité des cas, ses membres ont voté les textes déposés par nous ou confondu leurs voix avec les nôtres. Sur certaines questions, le désir de marquer une attitude distincte de la nôtre leur a fait émettre au contraire des votes que nous n'avons pas à justifier. C'est ainsi, par exemple, qu'ils ont voté contre le projet Paul-Boncour sur la réduction du service militaire ou contre l'ensemble de la loi d'amnistie.

Mais, en ce qui nous concerne, nous élus socialistes, les tableaux et les analyses qui constituent la partie essentielle du présent rapport pourront montrer au Parti que nous nous sommes fidèlement conformés aux règles fixées par les textes nationaux et internationaux que nous avons rappelés tout à l'heure. Nous croyons avoir été pleinement fidèles non seulement à leur lettre, mais à leur esprit.

En dehors du Parlement, nous avons prêté à la propagande générale un concours actif, bien qu'insuffisant encore. Mais les circonstances n'ont pas été favorables à l'exécution des plans d'ensemble qui avaient été élaborés d'accord entre la C. A. P. et le groupe. Beaucoup de fédérations n'étaient pas, après la scission, en état d'organiser des tournées de réunion. La plupart des élus étaient obligés de consacrer la majeure partie de leur activité à la tâche très dure de réorganisation et de recrutement qui leur incombait dans leurs propres départements. C'est seulement vers le mois de juin que nous avons pu reprendre un système de roulement qui permît à la C. A. P. de mettre régulièrement au service des fédérations un nombre suffisant d'élus. Nous croyons pouvoir garantir au Parti que ce système de roulement fonctionnera à plein rendement pour l'année qui s'ouvre. Cependant les statistiques qu'on pourra lire dans la deuxième partie du rapport montreront à nos camarades que, même pendant la période critique qui a suivi immédiatement le Congrès de Tours, la bonne volonté de nos camarades — de presque tous nos camarades — a permis d'organiser un nombre satisfaisant de réunions.

Quant à notre activité parlementaire proprement dite, le travail méthodique d'Hubert Rouger permettra tout à la fois de la saisir dans son ensemble et de la suivre dans son détail. Le Parti pourra se convaincre qu'en aucune occasion et quelle que fût la nature des questions posées, nous n'avons failli à notre mission essentielle, qu'il s'agît de la paix internationale, de l'exécution du traité de Versailles, de la question des réparations, de la politique d'occupations ou d'expéditions, du désarmement général et de la durée du service, de la punition des crimes commis pendant la guerre contre les soldats, qu'il s'agît de l'amnistie, des loyers ou du chômage, qu'il s'agît de questions fiscales, budgétaires, économiques ou purement ouvrières, notre action s'est traduite par une bataille incessante d'interventions, de textes ou d'ordres du jour. Nous avons mené constamment cette bataille, comme c'était notre devoir, avec le double souci d'exprimer notre idéal révolutionnaire, et de traduire la protestation permanente des travailleurs contre le régime social qui les opprime et les dépouille, mais aussi d'accroître par chaque lambeau de réforme arraché à la résistance bourgeoise leur bien-être matériel, leur faculté de développement intellectuel et moral, leur capacité d'organisation et, par conséquence, leur puissance révolutionnaire elle-même.

Dans toutes les circonstances où cette tactique nous a paru possible, nous avons donné à notre opposition aux textes gouvernementaux la forme de contre-projets positifs. Nous l'avons fait par exemple, pour la question des réparations et pour la question militaire, comme nous l'avons fait, la précédente année, pour les impôts ou pour le régime des chemins de fer. Le groupe espère que le Parti se convaincra, comme lui, que cette pratique est celle qui confère à notre opposition le plus de force, qui nous permet d'arracher au profit de la classe ouvrière le plus d'avantages positifs et qui fournit à nos militants les meilleurs arguments pour la propagande pénible qu'ils mènent chaque jour dans des milieux différents ou hostiles.

L'ensemble de nos interventions et votes prouvera — nous l'espérons — à nos camarades que le groupe a toujours conservé une claire conscience de sa double tâche. Ce qu'il peut affirmer, c'est qu'il a été guidé uniquement par le souci de défendre la classe ouvrière, de protéger ses droits, de faire prévaloir ses revendications. Il a tout subordonné à cette mission essentielle, ne prenant part à la bataille politique proprement dite, dont les résultats immédiats lui sont indifférents, que dans la mesure et dans le sens où l'intérêt national et international des travailleurs s'y trouve engagé.

On ne saurait dire que la scission de Tours ait donné aux réunions du groupe un caractère plus intime et plus fraternel, car, même avant cette scission, ceux de nos camarades qui ont cru devoir abandonner le socialisme traditionnel s'étaient toujours trouvés d'accord avec nous sur toutes les attitudes et toutes les résolutions importantes. Cette année, tout comme le constatait le rapport présenté l'année dernière, les votes ont été presque toujours unanimes, et le relevé qu'on trouvera plus loin ne fait apparaître qu'une proportion infime de scrutins où cette unanimité ne se soit pas pleinement réalisée.

Le secrétaire du Groupe,
LÉON BLUM.

Travaux, Réunions et Interventions du Groupe

résumés par HUBERT ROUGER
Secrétaire administratif

La reconstitution du Groupe

Au lendemain du Congrès de Tours, le Groupe socialiste au Parlement constitua sa Commission Exécutive de la façon suivante : Secrétaire, *Léon Blum;* trésorier, *Jean Mouret;* membres : *Vincent Auriol, Bracke, J. Lebas, P. Mistral, Pressemane, Paul-Boncour, Marcel Sembat, Alexandre Varenne.*

Il se constitua en Sous-Commissions, dont les secrétaires sont :

S. Valière, de la Commission d'administration générale;
M. Moutet, de la Commission des Affaires étrangères;
Compère-Morel, de la Commission d'Agriculture;
Georges Balthélemy, de la Commission d'Algérie-Colonies ;
Henri Laudier, de la Commission de l'Armée;
J. Mouret, de la Commission d'assurances et de prévoyance sociales;
Chauly, de la Commission du Commerce et de l'Industrie;
Couteaux, de la Commission des Comptes définitifs;
Barthe, de la Commission des Douanes;
Aubry, de la Commission d'Enseignement et Beaux-Arts;
Vincent Auriol, de la Commission des Finances;
A. Inghels, de la Commission d'Hygiène;
Canavelli, de la Commission de la Marine marchande;
Goude, de la Commission de la Marine militaire;
François Lefebvre, de la Commission des Mines et Forces motrices;
L. Escoffier, de la Commission des Régions libérées;
J. Parvy, de la Commission du Travail;
J. Lobet, de la Commission des Travaux publics;
Groussier, de la Commission du Suffrage universel;

Bracke, de la Commission de Règlement;
S. Valière, de la Commission des Marchés;
Mistral, de la Commission des Spéculations;
J. Félix, de la Commission des Boissons.

Le Groupe constitua également des Commissions spéciales qui eurent à s'occuper des questions diverses à lui soumises par les organisations syndicales.

A l'une de ses premières séances tenues après Tours, le Groupe vota la déclaration suivante :

Les soussignés, représentants du Parti socialiste au Parlement,

Considérant que la décision de la majorité de Tours a eu pour résultat la création d'un nouveau Parti qui a rompu avec la doctrine, la tactique, les règles d'organisation du socialisme et qui, par sa dépendance absolue vis-à-vis de l'Internationale communiste, se met dans l'impossibilité de remplir sa mission essentielle : l'organisation de l'ensemble du prolétariat français en Parti de classe « pour en finir avant tout avec sa propre bourgeoisie ».

Décident de rester fidèles au Parti socialiste, section française de l'Internationale ouvrière, dans les conditions définies par ses statuts, son programme, ses résolutions de Congrès nationaux et internationaux.

Se déclarent résolus plus énergiquement que jamais à s'acquitter de la tâche assignée au Groupe parlementaire, en plein accord avec l'action générale du Parti, avec l'entière conscience des devoirs particuliers que leur impose la crise nationale et universelle déterminée par la guerre.

Plus que jamais, ils mettront leur activité au service de la propagande et du recrutement dans le pays.

Plus que jamais ils s'attacheront à transporter sur le terrain parlementaire la lutte de classe elle-même, en dénonçant l'impuissance du capitalisme, en lui signifiant l'opposition irréductible du prolétariat, en proclamant dans leur plénitude les conceptions et les solutions socialistes, en même temps qu'ils travailleront à arracher bribe à bribe à la résistance bourgeoise les réformes qui rehaussent la condition des travailleurs, favorisent leur organisation et contribuent à les armer pour la lutte révolutionnaire.

Ils mèneront cette action avec le désir passionné de préserver ou de rétablir, en France et dans le monde, en dépit de tous les obstacles, l'unité ouvrière qui est la condition et le gage de la victoire finale.

Vive le Parti socialiste! Vive l'Internationale ouvrière!

Les signataires de cette déclaration étaient :

Aubry (Ille-et-Vilaine) ; *Vincent Auriol* (Haute-Garonne) ; *Barthe* (Hérault) ; *Basly* (Pas-de-Calais) ; *César Bernard* (Pas-de-Calais) ; *Betoulle* (Haute-Vienne) ; *Léon Blum* (Seine) ; *Bouisson* (Bouches-du-Rhône) ; *Bracke* (Seine) ; *Buisset* (Isère) ; *Cadot* (Pas-de-Calais) ; *Canavelli* (Bouches-du-Rhône) ; *Chauly* (Haute-Vienne) ; *Chaussy* (Seine-et-Marne) ; *Claussat* (Puy-de-Dôme) ; *Compère-Morel* (Gard) ; *Couteaux* (Nord) ; *Delory* (Nord) ; *Deguise* (Aisne) ; *Escoffier* (Nord) ; *Evrard* (Pas-de-Calais) ; *Jean Félix* (Hérault) ; *Ferrand* (Pas-de-Calais) ; *Georges Barthélemy* (Pas-de-Calais) ; *Goniaux* (Nord) ; *Goude* (Finistère) ; *Groussier* (Seine) ; *Jules Guesde* (Nord) ; *Inghels* (Nord) ; *Laudier* (Cher) ; *Lebas* (Nord) ; *François Lefebvre* (Nord) ; *Lobet* (Marne) ; *Maès* (Pas-de-Calais) ; *Masson* (Finistère) ; *Mistral* (Isère) ; *Mouret* (Seine) ; *Moutet* (Rhône) ; *Parvy* (Haute-Vienne) ; *Paul-Boncour* (Seine) ; *Piton* (Vosges) ; *Plet* (Nord) ; *Pressemane* (Haute-Vienne) ; *Georges Richard* (Pas-de-Calais) ; *Ringuier* (Aisne) ; *Rognon* (Rhône) ; *Saint-Venant* (Nord) ; *Marcel Sembat* (Seine) ; *Uhry* (Oise) ; *Valière* (Haute-Vienne) ; *Varenne* (Puy-de-Dôme) ; *Bouveri*, sénateur de Saône-et-Loire ; *Gustave Fourment*, sénateur du Var, auxquels vinrent s'ajouter, quelques semaines plus tard : *J. Locquin* (Nièvre), et *Ferdinand Morin* (Indre-et-Loire).

***

Le Groupe a tenu 22 séances dont la plupart furent consacrées à l'organisation de la propagande, aux divers projets de modification des lois d'assurances et de prévoyance sociales, aux questions des loyers, des potasses, des crimes militaires, etc., etc.

Le Groupe reçut la délégation de la Fédération des Cheminots, celle des Régions libérées et diverses délégations ouvrières.

Enfin, il convient de signaler la participation régulière des membres du Groupe aux travaux des Commissions de la Chambre et notamment les efforts des représentants du Groupe à la Commission de Législation civile pour paralyser l'œuvre réactionnaire et le vote de la loi super-scélérate.

La propagande

Le plus grand nombre des élus eurent, au lendemain du Congrès de Tours, à parcourir leur département — répondant à l'appel des camarades restés fidèles à la S. F. I. O. — pour maintenir ou reconstituer les sections du Parti.

Ces multiples réunions ne figurent point dans le tableau suivant de la propagande, pas plus que ne sont mentionnées les obligations auxquelles ont dû faire face ceux d'entre eux qui occupent des fonctions municipales, ou assurent des fonctions syndicales; de même qu'il n'est pas tenu compte de l'effort consenti par ceux qui ont assumé la mission de défendre, à la barre des tribunaux de province, les militants ouvriers poursuivis.

Le relevé de réunions est arrêté au 31 juillet inclus.

1 élu a pris part à 20 réunions: *Compère-Morel* = 20;
1 élu à 18 réunions: *J. Mouret* = 18;
1 élu à 16 réunions: *Masson* = 16;
2 élus à 15 réunions: *Chauly, Paul-Boncour* = 30;
1 élu à 14 réunions: *Vincent Auriol* = 14;
4 élus à 11 réunions: *Aubry, Léon Blum, Jean Parvy, Pressemane* = 44;
4 élus à 8 réunions. *Bracke, Jean Félix, Plet, Piton* = 32;
3 élus à 7 réunions: *Chaussy, Lobet, Sembat* = 21;
3 élus à 6 réunions: *Goude, Lebas, St-Venant* = 18;
4 élus à 5 réunions: *Bernard, Couteaux, Georges Richard, Valière* = 20;
1 élu à 4 réunions: *Evrard* = 4;
4 élus à 3 réunions: *Cadot, Inghels, Mistral, Rognon* = 12;
5 élus à 2 réunions: *Deguise, F. Morin, Moutet, Ringuier, Varenne* = 10;
8 élus à 1 réunion: *Buisset, Escoffier, Ferrand, Groussier, Locquin, Uhry, Bouveri, Fourment* = 8.

Soit un total de 267 réunions, auxquelles ont participé 42 élus; 4 députés malades; 9 se sont excusés.

L'unité de vote

Pendant la session ordinaire de 1921, du 11 janvier au 12 juillet, la Chambre a procédé à 398 scrutins.

De l'examen du relevé des votes à l'*Officiel*, il ressort

que dans 389 scrutins il y a eu unanimité parmi les membres du Groupe ayant participé à ces scrutins.

Dans trois scrutins : n° 328 (fixation de séance), n° 326 (article 33, loi de finances), n° 356 (maintien ordre du jour), il y a unanimité moins une voix, et cette unique abstention paraît due à une simple erreur matérielle du relevé de l'*Officiel*.

Trois votes d'abstention de 2 élus sur le même sujet (Budget).

Reste donc 4 votes où il y a eu divergence.

Scrutin n° 273, sur l'ensemble du projet de loi portant fixation du budget pour 1921 (séance du 28 février), tous les membres votèrent contre, à l'exception de 2 abstenus ;

Scrutin n° 337, sur l'ordre du jour Arago (séance du 26 mai), après avoir voté unanimement dans les divers scrutins sur la division, il y eut 8 abstentions sur l'ensemble ; tous les autres contre.

Scrutin n° 340, sur l'inscription de l'interpellation Bouyssou, en tête de l'ordre du jour (séance du 2 juin), tous contre, sauf 7 abstenus ;

Scrutin n° 365, sur l'ordre du jour pur et simple relativement à l'élection législative des Basses-Pyrénées (séance du 24 juin), tout le Groupe pour, à l'exception de 4 abstenus.

L'an dernier, il y avait eu 95 p. 100 de vote d'unanimité ; cette année, il y a eu 99 p. 100 de votes unanimes.

Les ministères

Chute du cabinet Leygues
Avènement du ministère Briand

SÉANCE DU MERCREDI 12 JANVIER. — A la rentrée, diverses demandes d'interpellations sont déposées. M. G. Leygues, président du Conseil, en demande l'ajournement.

La Chambre refuse par 447 voix contre 116. Le ministère est renversé.

Les socialistes votent tous contre.

SÉANCE DU JEUDI 20 JANVIER. — Parmi les interpellations adressées au cabinet de M. Briand, qui sont inscrites dans la discussion acceptée par le gouvernement, celles de :

Pressemane, Moutet et Léon Blum, sur la politique que le gouvernement entend pratiquer à l'égard des organisations ouvrières ;

d'*Henri Laudier,* sur la politique sociale du gouvernement;

de *Moutet* et de *Bracke,* sur la politique extérieure.

Prennent la parole:

A. Pressemane, qui rappelle la politique de brutalité à l'égard des organisations ouvrières des gouvernements précédents contre les cheminots, poursuites contre la C. G. T., etc., et demande si le gouvernement qui est présidé par M. Briand continuera cette politique d'hostilité. Il apporte à la tribune des précisions sur l'offre financière américaine à la C. G. T. pour la restauration des pays dévastés et déclare que si la guerre sociale continue, la classe ouvrière l'acceptera;

Henri Laudier, qui développe son interpellation, s'élève contre la politique de réaction sociale du Bloc National, réclame une amnistie large et généreuse et questionne le gouvernement sur ses intentions au point de vue de l'hygiène et l'assurance sociales.

SÉANCE DU VENDREDI 21 JUIN. — La clôture étant prononcée, les ordres du jour sont déposés; celui du Groupe est ainsi conçu:

La Chambre, résolue à exiger du gouvernement une politique fondée, à l'extérieur, sur la reconnaissance du droit des peuples et sur le sentiment de la solidarité internationale, à l'intérieur, sur le respect absolu des droits et de la liberté d'organisation des travailleurs, passe à l'ordre du jour.

Varenne soutient l'ordre du jour et souligne les concessions étendues consenties par le gouvernement à la majorité de la Chambre, qui ne correspond plus à la majorité du pays.

L'ordre du jour de confiance est voté par 462 voix contre 77, presque toutes socialistes et communistes.

Interpellations sur les réparations

Les suites du Traité de Versailles
La Paix bourgeoise

Interpellations sur les accords de Paris
3-4-8 février (après-midi) 9 février

SÉANCE DU 4 FÉVRIER. — *Vincent Auriol* interpelle au nom du Groupe. Il rappelle les interpellations après Hythe et Boulogne, le 28 mai 1920 et l'ordre du jour du Groupe acceptant le forfait, à condition que la priorité en faveur des régions dévastées fût assurée et réclamant la solidarité internationale en cas d'insuffisance.

Tout le mal vient du traité Clemenceau, négocié en dehors du Parlement; il s'élève contre la thèse Tardieu et souligne la faiblesse d'argumentation de Loucheur. Il dénonce l'anarchie de la Société capitaliste incapable d'une distribution judicieuse des ressources et d'une répartition équitable à la consommation.

Le remède est dans la solidarité financière des Alliés; on n'aboutira à rien sans l'appui de la classe ouvrière de tous les pays et sans la mise à la charge des capitalistes responsables d'Allemagne des réparations, dans la mesure des capacités de paiement, le restant à liquider par l'organisation et la coopération économiques entre les pays.

Le déchaînement des égoïsmes capitalistes internationaux aboutit à la banqueroute. La solution socialiste s'impose: celle qui est acceptée par les prolétariats.

Deuxième séance du 8 février. — Après les interventions de MM. Magallon, Klotz, Briand, Loucheur, Lasteyrie, André Lefèvre, *Vincent Auriol* souligne que d'après le compte même du ministre des Régions libérées, 5 milliards d'impôts nouveaux viendront grever l'industrie et l'agriculture nationales en face de la concurrence des autres nations.

Deuxième séance du 9 février. — Le Groupe socialiste avait déposé l'ordre du jour suivant:

La Chambre, constatant que la nation a été nécessairement :

Ou bien abusée par les négociateurs du traité de Versailles,

Ou bien desservie par les négociateurs des accords interalliés de Boulogne et de Paris,

Les uns ayant solennellement proclamé que les réparations de toute nature seraient, dans leur intégralité, payées par l'Allemagne,

Les autres ayant adhéré à une transaction qui laisse une portion considérable de ces mêmes réparations à la charge du contribuable français;

Considérant que le mode de détermination des annuités réclamées à l'Allemagne place la France dans l'alternative, soit de maintenir la dépréciation actuelle de son change, soit de voir s'accroître progressivement ses déficits budgétaires;

Que les sanctions prévues pour imposer cet accord à l'Allemagne ont pour seul résultat certain d'y fortifier les partis de militarisme et de revanche;

Constate la vanité de l'effort fait pour échapper aux erreurs et aux contradictions initiales du traité de Versailles,

Et enveloppe dans la même condamnation, tous les artisans d'une politique dont les dangers dénoncés dès l'origine éclatent plus manifestement à chaque négociation nouvelle.

La Chambre voit dans ces échecs successifs la confirmation du fait que la guerre, dans les conditions économiques de la vie moderne, ne fait pas retomber des charges moins ruineuses sur les vainqueurs que sur les vaincus.

Elle proclame que la seule politique qui puisse encore, en quelque mesure, soustraire la France et le monde aux conséquences des fautes commises, est une politique d'entente et de pacification universelles, fondée sur le principe que la prospérité de chaque peuple est liée au relèvement ou au libre développement de tous les autres, s'opposant dans le monde entier à toutes les tentatives d'impérialisme et de domination capitaliste, tendant à la suppression de tous les risques de guerre et, par conséquent, de toutes les dépenses militaires, permettant finalement, pour les charges communes, pour le travail commun, l'établissement d'une solidarité économique, financière et fiscale entre toutes les nations, et passe à l'ordre du jour.

Bracke défendit l'ordre du jour. Il dénonça la politique qui décourage à l'extérieur ceux qui sont prêts à travailler à l'accord des nations; les peuples travailleurs savent maintenant ce que vaut le traité de Versailles et aussi que les gouvernements bourgeois sont incapables d'assurer un minimum de paix, s'ils n'internationalisent pas les intérêts nationaux. Il conclut en déclarant que ce n'était pas seulement au gouvernement, mais au régime capitaliste tout entier que les socialistes refusaient leur confiance.

Une proposition de M. Bellet renvoyant à la Commission des Finances les ordres du jour motivés, fut repoussée par 386 voix contre 71. Les socialistes s'abstinrent.

L'ordre du jour de confiance fut voté par 363 voix contre 114 (parmi ces dernières, toutes les socialistes).

La Conférence de Londres

SÉANCE DU 15 MARS. — *Vincent Auriol* souligne tout d'abord l'impasse où l'on est acculé par le pacte de Versailles. Les socialistes envisagent comme inséparablement unis les destins du pays et l'intérêt de la paix dans le monde.

Ils ne contestent pas le principe des réparations et rappellent que les socialistes allemands disent que la République allemande doit réparer les crimes de l'Allemagne impériale.

La méthode employée par les gouvernants est défectueuse: on a fait luire de grands espoirs, on a eu tort de ne pas dresser l'ordre de priorité des créances et de ne pas créer la solidarité mondiale pour les réparations de guerre.

Il s'élève contre le réveil, dans la presse, des effervescences chauvines et guerrières qui font le jeu de la féodalité et favorisent les desseins de l'impérialisme allemand. Les sanctions ne sont pas un moyen de paiement. Il faut faire payer les capitalistes allemands, et faire appel au concours des peuples.

Il analyse le projet socialiste: création de l'Office international industriel et ouvrier, utilisation des matières premières de l'Allemagne, concours de la main-d'œuvre allemande (concours obtenu par la C. G. T.), consortium international avec commandite financière de l'Amérique à l'emprunt international pour les avances de fonds, participation aux dividendes des sociétés capitalistes allemandes, récupération des biens séquestrés et mainmise sur les capitaux évadés à l'étranger, certitude des réparations. « A la bourgeoisie de dire si elle abdique entre les mains de la classe ouvrière de tous les pays la grande mission de prendre en mains le salut du monde. »

Séance du 17 mars. — *Marcel Sembat,* parlant sur les ordres du jour, met en garde contre le danger qu'il y a à solidariser l'Allemagne ouvrière avec l'Allemagne impérialiste et celui de représenter la France sous l'aspect caricatural d'impérialiste. La paix serait mieux assurée par le désarmement général et simultané, sous le contrôle international.

L'ordre du jour du Groupe était ainsi conçu:

La Chambre, constatant une fois de plus les conséquences funestes des contradictions contenues dans les stipulations de Versailles, qui aboutissent soit à des sacrifices dont seule la France supporte le poids, soit à des sanctions fondées sur la contrainte et par là même inefficaces et dangereuses, déclare que, dans l'ordre social actuel, la coopération internationale des gouvernants et des organisations économiques et ouvrières pourrait seule assurer pratiquement les réparations légitimes si impatiemment attendues, en même temps que le rétablissement définitif de la paix, et passe à l'ordre du jour.

L'ordre du jour socialiste fut repoussé par 501 voix contre 69. L'ordre du jour de confiance fut voté par 490 voix contre 69. Tous les socialistes votèrent unanimement.

Projet de loi relatif aux marchandises allemandes importées en France

PREMIÈRE SÉANCE DU 13 AVRIL. — *Léon Blum* critique le projet qui fait obligation à l'Allemagne d'augmenter la circulation fiduciaire, alors qu'il serait utile au contraire de stabiliser le change si on veut être payés. Cela provoquera une nouvelle diminution de la valeur d'achat des salaires.

La taxe fera augmenter le prix de vente par les acheteurs français ou elle arrêtera les exportations et alors la taxe ne rapportera rien. Le seul résultat sera l'écrasement de la classe ouvrière allemande, une diminution du salaire ou le chômage. Les socialistes ne peuvent donc donner leur approbation au projet.

PREMIÈRE SÉANCE DU 14 AVRIL. — *Les socialistes votent tous contre le passage à la discussion des articles et contre l'ensemble du projet, qui est adopté par 374 voix contre 82.*

La Conférence de Hythe. — Les sanctions

DEUXIÈME SÉANCE DU 26 AVRIL. — Le Président du Conseil fait une déclaration sur la Conférence de Hythe.

M. Tardieu demande à interpeller; le renvoi fut ordonné par 400 voix contre 25. Tous les socialistes s'abstinrent.

Les décisions de Londres

SÉANCE DU 19 MAI. — A la rentrée, vinrent les interpellations sur la politique extérieure, parmi lesquelles celle du Parti socialiste, déposée par *Vincent Auriol*, sur les décisions de la Conférence de Londres. Cette séance fut occupée par les discours de MM. Tardieu, Baudry d'Asson et Margaine.

SÉANCE DU 20 MAI. — Discours de Marcel Cachin, Louis Barthou, Pierre Forgeot, Loucheur.

SÉANCE DU 24 MAI. — Après le discours du Président du Conseil, *Vincent Auriol* analyse le coût de la guerre : 1.200 milliards aux belligérants, en dehors des territoires dévastés, des ruines accumulées, des milliers de mutilés et de morts.

Le traité de Versailles a laissé libre cours aux égoïsmes capitalistes, il n'a pas été conclu dans un esprit de paix, les gouvernants ont peur de la démocratie.

Les chiffres des réparations doivent tenir compte de la capacité de paiement de l'Allemagne.

Deux politiques s'offrent : celle de l'occupation de la Rhur, celle de la collaboration générale des peuples.

Il faut faciliter la tâche aux démocrates que sont les courageux socialistes indépendants d'Allemagne et éviter le retour au pouvoir des pangermanistes.

Il proteste vigoureusement contre l'occupation et dénonce les grands appétits des métallurgistes français, l'usure capitaliste des emprunts, contre l'appel de la classe 19 et démontre que la solution de l'Internationale syndicale d'Amsterdam et des Partis socialistes d'Allemagne, d'Angleterre et de France, est celle des masses ouvrières qui sont contre la politique de coercition, pour la paix et la collaboration des peuples.

La séance du mercredi 25 mai est consacrée aux discours des autres interpellateurs et du Président du Conseil.

SÉANCE DU 26 MAI. — Les ordres du jour sont déposés. Celui du Groupe est ainsi rédigé :

La Chambre, convaincue, d'une part, que la solution du problème des réparations ne peut être obtenue sans péril pour la vie économique de chacune des nations intéressées, que par leur entente et leur coopération pratique à l'œuvre matérielle de reconstruction ; d'autre part, que la question de Haute-Silésie ne peut être réglée indépendamment de toute autre considération politique, économique et militaire, que par l'accord des puissances alliées interprétant loyalement la volonté des populations intéressées, passe à l'ordre du jour.

Moutet le défend, souligne le fait que M. Briand, après avoir fait un discours de détente internationale, accepte l'ordre du jour Arago. Les socialistes veulent les réparations assurées par une politique de conciliation européenne, les réparations réelles des dommages et non des indemnités punitives et la solution de la question de la Haute-Silésie, en tenant compte du plébiscite et de la liberté des peuples à disposer d'eux-mêmes. Ils sont contre les accords militaires et économiques entre certaines puissances capitalistes. Si on ne peut aboutir en Haute-Silésie, il faut recourir à l'arbitrage de la Société des Nations et se prononcer pour une solution de droit contre la solution de la force.

Léon Blum perce à jour la manœuvre de M. A. Lefèvre, demandant le dépôt du texte des accords de Londres sur le bureau de la Chambre. Il ne conteste pas l'utilité qu'il y aurait à avoir le texte, mais démontre que le vote de la motion Lefèvre signifierait que la Chambre adhère à la politique de violence et de coercition qui a été défendue par M. Lefèvre. L'ordre du jour accepté par le gouvernement ne se dégage pas assez de cette politique, mais, avant tout, pour éviter le pire, les socialistes voteront contre la motion préjudicielle de M. Lefèvre, la politique de force systématique jouant en Allemagne au profit exclusif des forces de réaction.

La motion André Lefèvre fut repoussée par 429 voix contre 116. *Les 53 socialistes votèrent contre.*

La priorité de l'ordre du jour *Vincent Auriol* fut repoussée par 474 voix contre 64. Les communistes s'abstinrent.

La priorité en faveur de l'ordre du jour communiste fut repoussée à mains levées, les socialistes présents votant pour.

La première partie de l'ordre du jour Arago, disant que « l'ultimatum de Londres représentait le minimum de garanties », fut votée par 378 voix contre 99. *Socialistes et communistes s'abstinrent.*

La deuxième partie, « confiance aux déclarations du gouvernement pour assurer le désarmement de l'Allemagne, l'application des sanctions en cas de manquement, etc., etc. », fut votée par 390 voix contre 162. *Tous les socialistes votèrent contre.*

L'ensemble de l'ordre du jour fut voté par 391 voix contre 157. 45 socialistes votèrent contre et 8 s'abstinrent (scrutin n° 337, du 26 mai).

Traité de Trianon

PREMIÈRE SÉANCE DU 7 JUIN. — La Chambre est appelée à approuver les traités signés avec la Hongrie, la Roumanie, la Tchéco-Slovaquie et le royaume Serbo-Croate Slovène.

Paul-Boncour donne les raisons d'opposition des élus socialistes: toute la politique des agents diplomatiques de la France a tendu à réduire les révolutions, à rendre la vie dure aux républiques et aux démocrates: Kurt Eisner, Otto Bauer, Fritz Adler, ne furent pas soutenus. Il dénonce les tares du traité avec la Hongrie, les difficultés créées par l'entrelacement des frontières et l'impossibilité pour les fractions de la Hongrie de vivre isolées sans lien économique. Il flétrit le régime Horty et résuma en disant que le rôle de la France n'est pas de servir la réaction.

Moutet rappelle que les éléments populaires de la Hongrie voulaient fomenter une insurrection en faveur de la paix séparée avec l'Entente et le refus brutal de Franchet d'Espérey.

DEUXIÈME SÉANCE DU 7 JUIN. — *Moutet* intervient en faveur de la protection des minorités ethniques, et flétrit les attentats à la liberté de conscience par les réactionnaires hongrois.

Paul-Boncour met en garde contre la restauration des Habsbourg, qui constituerait un *casus belli* avec les Tchéco-Slovaques et Yougo-Slaves.

Le traité de Trianon est voté par 464 voix contre 77, *dont 68 socialistes ou communistes.*

Les traités avec les Etats Tchéco-Slovaques, Yougo-Slaves et Roumains sont votés par 476 voix contre 78.

Amnistie (retour du Sénat)

PREMIÈRE SÉANCE DU 15 AVRIL. — *Aubry* proteste contre les lenteurs de l'examen des recours en grâce: 4.000 dossiers en souffrance. En juillet, il y avait 20.000 dossiers et on ne donna l'ordre qu'en septembre de rechercher les dossiers des mutilés à examiner. Il dénonce le caractère de classe de l'amnistie.

Séance du 16 avril. — *Georges Barthélemy* défend un amendement amnistiant les petites condamnations dans les régions dévastées, en raison de la sévérité des tribunaux.

Goniaux appuie l'amendement en faveur des petits délinquants.

La Chambre amnistie, à condition que la condamnation ne dépasse pas un mois de prison.

Un amendement des communistes à l'article 2, remplaçant les mots « 11 mars 1920 par 11 novembre 1920 », est voté par tous les socialistes et repoussé par 274 voix contre 217.

Première séance du 19 avril. — *J. Lobet* soutient l'amendement Israël en faveur de la réintégration des cheminots révoqués ayant appartenu trois mois à une unité combattante.

Paul-Boncour appuie l'amendement et soutient le caractère légal et professionnel de la grève des cheminots.

L'amendement est repoussé par 343 voix contre 166. Tous les socialistes votent pour.

Première séance du 20 avril. — *Goniaux* soutient son amendement en faveur des militaires des régions libérées.

Georges Barthélemy et *François Lefebvre* l'appuient.

L'amendement est repoussé par 338 voix contre 158. Tous les socialistes votent pour.

Deuxième séance du 21 avril. — *Les socialistes votent contre l'amendement Choribit, qui aurait eu pour conséquence de refuser l'amnistie à des aliénés.*

Repoussé par 230 voix contre 53.

Ils votèrent l'amendement Lafagette, plus libéral.

Première séance du 22 avril. — Tous les socialistes votent l'amendement G. Lévy, après une intervention de *H. Laudier*, qui demande, lui aussi, le vote de l'amnistie en faveur des marins de la mer Noire.

Repoussé par 357 voix contre 154.

Tous les socialistes votent encore l'amendement F. Buisson, amnistiant également les mutins.

Repoussé par 363 voix contre 158.

Séance du 23 avril. — *Barthe* demande si l'on a pris des sanctions contre les juges du Conseil de guerre injuriant le sous-lieutenant Germain.

Il n'obtient pas de réponse.

Bouisson, au nom du Groupe, prend la parole en ces termes sur l'ensemble :

Au nom de mes camarades socialistes du Groupe socialiste au Parlement, je déclare que nous voterons le projet de loi.

Il est inutile de vous rappeler, Messieurs, que nous avons fait tous nos efforts pour améliorer encore le texte que tout le Parti socialiste, sans exception, y compris ceux qui déclarent voter contre aujourd'hui, avait voté ici avant qu'il fût soumis au Sénat.

Messieurs, nous ne pouvons pas nous déjuger. Nous avons voté un texte. Il est allé au Sénat. Nous avons fait tous nos efforts pour étendre le plus largement possible le bénéfice de la loi, qui telle qu'on nous demande de la voter est encore plus élargie que le texte du Sénat et même que le premier texte voté par la Chambre.

Nos collègues socialistes, dont la déclaration vient d'être lue par M. Morucci, ont fait les plus grands efforts, il faut le reconnaître, pour améliorer ce texte.

Je dois rendre hommage à ceux qui ont essayé d'améliorer la loi d'amnistie.

Si nous n'avons pas abouti, soit que le gouvernement, soit que la commission n'aient pas voulu nous suivre, ce n'est pas une raison aujourd'hui pour ne pas voter le texte que nous avions déjà voté il y a quelques mois. Une amélioration comme celle-là est toujours bonne à prendre et comme nous pensons être des réalistes en toute matière, nous estimons que c'est un geste vain que de dire qu'on ne vote pas une amnistie, alors que, malgré tout, elle comporte certaines améliorations et que certaines catégories de citoyens doivent en bénéficier.

J'ai tenu à faire cette déclaration au nom du Groupe socialiste au Parlement.

L'ensemble est voté par 503 voix contre 14 voix communistes.

La motion de MM. Israël et Théveny, demandant au gouvernement d'user d'indulgence dans l'examen des recours en grâce, est votée par 520 voix (unanimité, y compris les communistes).

Les crimes militaristes

DEUXIÈME SÉANCE DU 28 JUIN. — *Valière, Betoulle, Parvy, Pressemane* et *Chauly* avaient déposé une demande d'interpellation «sur les mesures que le gouvernement comptait prendre pour assurer la révision du procès des quatre soldats fusillés à Flirey et pour provoquer les sanctions nécessaires à l'égard des chefs responsables ».

Aubry, « sur les mesures que le gouvernement compte prendre pour réhabiliter la mémoire des combattants qui ont été illégalement condamnés pendant la guerre et assurer les réparations, ainsi que les sanctions nécessaires ».

Jean Félix, « sur les circonstances dans lesquelles sont morts, en mai 1921, plusieurs soldats du 95ᵉ d'infanterie ».

Jules Uhry, « sur les circonstances dans lesquelles sont morts trois jeunes soldats de l'Oise, appartenant à la classe 20 ».

Le débat fut renvoyé, le ministre de la Guerre étant absent.

Avant la fin de séance, *Valière* essaie de faire fixer la date. La discussion est à nouveau renvoyée.

DEUXIÈME SÉANCE DU 29 JUIN. — Sur la date, *Valière* ne put évoquer que sommairement les lamentables drames et les crimes militaires dont se rendirent coupables des chefs qu'il faut châtier.

Le ministre avait pris les devants en annonçant des enquêtes sur les morts accidentelles, la procédure de révision engagée pour Flirey; quant à l'interpellation Aubry, qu'il qualifie « d'interpellation de tendance », il se refuse à la discuter; il demande donc le renvoi.

H. Laudier demande la lumière sur les accusations effroyables portées contre le général commandant le 8ᵉ corps.

Aubry demande la révision de tous les jugements des Cours martiales et de Conseils de guerre, les familles des soldats ont droit à la justice et les coupables doivent être punis.

Berthon avait également déposé une demande d'interpellation qui fut ajournée par 347 voix contre 159. Les socialistes votèrent contre l'ajournement.

Le renvoi de l'interpellation Aubry fut voté par 353 voix contre 139.

Jean Félix précisa le sens de son interpellation, qui fut remise avec celle de *J. Uhry,* après la clôture de l'enquête ordonnée.

*
* *

Valière a déposé, avant la séparation des Chambres, avec la signature collective du Groupe, la proposition de loi suivante :

Article premier. — Toutes les condamnations à la peine capitale ou à des peines afflictives et infamantes, prononcées par les cours martiales et par les conseils de guerre, pendant la guerre 1914-1918 et jusqu'à la date de la promulgation de la présente loi, seront soumises à révision, sauf celles qui ont été effacées par la dernière loi d'amnistie.

Art. 2. — Cette révision sera exercée par un tribunal spécial, jugeant en équité et non en droit, composé de trente membres, désignés moitié par le gouvernement et moitié par les associations nationales d'anciens combattants.

Les membres nommés par le gouvernement seront choisis soit parmi les magistrats de la Cour de Cassation, soit parmi les conseillers des diverses Cours d'Appel.

Ce tribunal sera divisé en plusieurs chambres. Les cas douteux seront examinés en assemblée plénière.

Art. 3. — Le gouvernement devra soumettre à ce tribunal toutes les plaintes qui lui parviendront au sujet des exécutions commises sans jugement sur les divers points du front.

Les juges auront le droit de poursuivre le châtiment des coupables devant les tribunaux réguliers, par requête adressée au ministre de la Justice, lequel devra, dans tous les cas, introduire les instances nécessaires.

Le tribunal spécial pourra, en outre, prononcer la réhabilitation des victimes et fixer les indemnités qui seront dues à leurs familles.

Art. 4. — Un règlement d'administration publique fixera, avant un délai d'un mois, les conditions dans lesquelles fonctionnera le tribunal spécial créé par la présente loi.

Les pouvoirs de cette juridiction devront s'éteindre dès que sera achevée l'œuvre de révision qui lui est confiée.

Projets militaires

Incorporation de la classe 21

SÉANCE DU 4 MARS. — Dans la discussion générale du projet de loi relatif à l'incorporation de la classe 21, *Deguise* appelle l'attention de la Chambre sur l'état physique des jeunes gens des régions libérées, dont l'incorporation devrait être retardée.

Sur l'article premier, *Paul-Boncour* développe son contre-projet réduisant la durée du service et fixant la libération à la date d'incorporation du deuxième contingent de la classe 22. Il démontre que la vieille conception militaire oblige à avoir une forte armée. Il faut rompre avec ces conceptions militaires. La guerre devait apporter un allègement de ces charges, et on conserve une armée de 800.000 hommes. Les 3 millions de morts ou de mutilés devraient imposer la nécessité de conserver la totalité des forces productives.

Rien ne s'oppose, dès maintenant, à la réduction de la durée du service : il n'y a pas de menace immédiate et il faut mettre un terme aux expéditions lointaines.

Il faut transférer la puissance militaire à l'organisation internationale. Si la bourgeoisie ne solutionne pas la question, il incombera à l'Internationale ouvrière de remplir ce rôle historique.

Paul-Boncour répond en quelques mots à l'interruption du ministre de la Guerre.

Le contre-projet est repoussé par 417 voix contre 127.

Les socialistes et un communiste, avec quelques radicaux, votent pour (*12 communistes s'abstiennent*).

Le député communiste Ch. Baron ayant déposé un amendement proposant des permissions aux ouvriers agricoles, *les socialistes votent pour l'amendement,* qui est repoussé.

L'amendement *Ringuier,* retardant l'incorporation des hommes des régions libérées, est défendu par *Deguise.* Il est retiré, des sursis étant promis.

A. Varenne réclame pour que l'incorporation des étudiants ne gêne pas leurs études.

Sur l'ensemble, *Léon Blum* déclare, au nom du Groupe, que les socialistes voteront contre l'ensemble :

Nous gardons et garderons pleine conscience du devoir de défense nationale.

Fidèles à l'enseignement de Jaurès, nous sommes résolus à l'assurer dans toute la mesure de nos forces par l'organisation méthodique de la nation armée. Mais nous refuserons notre vote au projet de loi qui vous est soumis.

Nous entendons affirmer par là que nous refusons toute responsabilité dans un acte qui est, au premier chef, un acte de gouvernement et, dans l'ensemble, d'une politique européenne, qui entretient, depuis deux ans, en France et dans le monde entier, le militarisme que la guerre devait abolir.

Nous nous refusons encore de voter l'appel de la classe 1921, parce que le gouvernement se trouve hors d'état de faire connaître au pays pour quel laps de temps elle sera incorporée et à quelle date la classe 1919 sera libérée ; parce que nos effectifs, même sans appel anticipé, excéderaient encore les besoins d'une politique extérieure de pacification et d'entente ; parce que nous n'admettons pas que la Nation soit condamnée à payer, par un surcroît de charges, les erreurs commises dans l'action internationale ou les lenteurs apportées à la refonte de nos institutions militaires.

Pour cet ensemble de raisons, nous voterons contre le projet de loi.

Goude, répondant au ministre de la Guerre, indique que si, au cours de la guerre, les socialistes constatant l'invasion de la France, votaient les crédits, ils réclamaient en même temps aux gouvernements de rechercher toutes les occasions de négocier la paix.

En 1917, le Président du Conseil déclarait, en comité secret, que la paix était possible ; à partir de ce moment, on s'aperçut que l'impérialisme existait chez nous, moins fort qu'en Allemagne, mais il est du devoir des socialistes en France de combattre l'impérialisme français, comme il est du devoir des socialistes allemands de combattre l'impérialisme allemand.

Le projet d'incorporation fut voté par 474 voix contre 68. Tous les socialistes ont voté contre.

Projet d'éducation physique et de préparation militaire

DEUXIÈME SÉANCE DU 22 MARS. — Ce projet établit le principe de l'éducation physique :

1° Pour tous les enfants fréquentant les écoles élémentaires ;

2° Pour tous garçons et filles fréquentant des écoles, quelles qu'elles soient ;

3° Pour tous les jeunes gens jusqu'à leur incorporation.

Aubry signale les inconvénients de l'utilisation du personnel militaire, pour des résultats nuls, au point de vue physique, et demande le remplacement par des instituteurs.

L'amendement Aubry est voté.

Pressemane reprend un amendement Ducos, abandonné par son auteur, amendement restreignant le contrôle de l'autorité militaire, remplacé par un contrôle civil, dans les sociétés non approuvées ou approuvées.

C'est le texte de la Commission qui fut voté.

DEUXIÈME SÉANCE DU 24 MARS. — *Etienne Rognon* déclare que le Groupe votera contre l'ensemble du projet qui envisage surtout la militarisation de la jeunesse, qui peut permettre l'amorce de subventions à l'enseignement libre, et dont l'article 31 supprime les garanties individuelles en prévoyant des sanctions.

Ce projet n'est pas démocratique, le Groupe votera contre, comme il a voté contre l'article 8, qui fut adopté par 324 voix contre 167.

Projet de loi modifiant la loi du 21 mars 1905 modifiée par la loi de 3 ans

SÉANCE DU 29 AVRIL. — *Paul-Boncour* donne les raisons pour lesquelles les socialistes ne peuvent s'associer au vote de la loi Paté, qui viole les principes sur lesquels repose l'organisation militaire de la République, les rengagements militaires à court terme étant contraires à la nation armée, qui est inspirée de l'idée défensive, tandis que l'armée de métier présente le danger pour le pays de voir s'engager des opérations militaires extérieures sans qu'il s'en aperçoive.

Paul-Boncour fait adopter au texte une modification imposant notification aux Chambres, toutes les fois qu'on rappellera des réserves.

L'ensemble du projet est voté par 431 voix contre 76. Tous les socialistes votèrent contre.

Pour les anciens combattants
Projets sur les emplois réservés

Première séance du 30 juin. — *Aubry* fait adopter un amendement portant le délai à 5 ans.

Aubry soutient un amendement empêchant le refus de la Commission médicale opposé aux candidats classés.

Renvoi à la Commission, avec avis favorable.

Aubry combat l'amendement Balanant relatif aux familles nombreuses.

L'amendement est repoussé.

Deuxième séance du 30 juin. — *Aubry* soutient un amendement pour que soit réservé 1/10e des emplois des entreprises privées subventionnées ou ayant privilège de l'Etat, départements ou communes.

L'amendement est repoussé.

Aubry défend, à l'article 8, un amendement relatif aux veuves non remariées et les compagnes ayant des enfants à leur charge.

L'amendement est repoussé.

Aubry présente un nouvel amendement en faveur des mères ayant des enfants reconnus.

L'amendement est adopté.

Aubry défend trois autres amendements, l'un accordant d'office 100 p. 100 au mutilé qui se verra refuser l'emploi (*repoussé*), un deuxième étendant le bénéfice de la loi aux victimes des expéditions postérieures au 11 novembre 1918 (*adopté*), un troisième prescrivant l'examen d'office, par une nouvelle commission de réforme, du mutilé refusé pour incapacité physique.

Aubry et *Betoulle* soutiennent un amendement pour la gratuité du déplacement et frais de transport du mutilé ayant obtenu un emploi, et de sa famille, aux frais de l'Etat.

L'amendement est disjoint.

L'ensemble du projet est voté.

Interpellation Jadé

Première séance du 25 avril. — Au cours de l'interpellation de M. Jadé, sur les licenciements des anciens combattants, employés de l'État, *Aubry* rappelle les promesses non tenues par le ministre des Travaux publics, de ne procéder à aucun licenciement avant la mise à la retraite de ceux atteints par la limite d'âge.

Première séance du 28 avril. — *Aubry* s'élève contre la proposition Balanant, qui demande le licenciement, jusqu'au vote du projet sur les emplois réservés.

Aubry insiste à nouveau.

Deuxième séance du 28 avril. — *Jean Félix* proteste au sujet des poursuites du service du Trésor contre les anciens mobilisés.

Georges Barthélemy intervient en faveur des combattants de l'armée d'Orient.

Aubry demande qu'il soit accordé des pensions aux femmes qui ont épousé des réformés à 80 p. 100, décédés à la suite de maladies.

Deuxième séance du 17 juin. — Dans la discussion de création d'un Office domanial de la Sarre, *Compère-Morel* combat le projet saugrenu de M. Xavier de Magallon créant des obligations à tirage pour les combattants. Il démontre la fumisterie de l'entreprise réactionnaire, et le nombre ridicule des bénéficiaires. La véritable part du combattant serait la justice fiscale et la justice sociale dont ne veulent pas les amis de M. Magallon.

Aubry fait la critique du projet trompe-l'œil de M. Magallon. Les combattants ne désirent pas des primes tirées au sort, mais le relèvement de leurs pensions et du travail assuré.

Après une réplique d'*Aubry*, qui indique qu'en faisant propriétés nationales des mines et des usines, on pourrait servir des pensions aux combattants, *le projet Magallon est disjoint.*

Première séance du 29 juin. — Sur le statut des officiers à titre temporaire, l'initiateur de la proposition, *E. Rognon*, en démontre l'utilité et regrette que le projet ne soit meilleur.

Deuxième séance du 29 juin. — Sur la promesse du ministre, *E. Rognon* retire son amendement en faveur du pourcentage des 3/5e dans les promotions au choix.

E. Rognon fait adopter un amendement supprimant un paragraphe sur la rétroactivité de la solde.

E. Rognon défend encore trois amendements, dont un est adopté, l'autre repoussé, et le troisième retiré.

Programme naval

Première séance du 2 juin. — *Goude* profite de l'interpellation greffée sur la discussion de la construction de bâtiments militaires, pour réclamer le retrait de la circulaire du 14 mai 1921 supprimant la fixation des salaires par régions. Il proteste contre la réduction de 20 p. 100 sur les salaires et demande qu'on ne licencie pas le personnel compétent des arsenaux qui peuvent être utilisés à la production de la paix.

Bouisson répond au ministre lui reprochant d'avoir empêché le vote sans débat du programme naval, et dénonce le mensonge que c'est pour donner du travail aux ouvriers qu'on met à exécution ce programme.

Première séance du 3 juin. — *Goude* défend l'ordre du jour qu'il a signé avec *Bouisson, Masson, Locquin,* ainsi conçu :

La Chambre, formellement décidée à assurer aux ouvriers de l'Etat comme aux ouvriers de l'industrie privée un minimum de salaire absolument nécessaire pour assurer leur existence, invite le gouvernement :

1° A abroger la circulaire du 14 mai;

2° A reprendre les travaux en cession et à continuer dans les arsenaux la construction des cargos du type *Marie-Louise.*

Bouisson appuie la proposition Balanant tendant à reprendre la construction des cargos de la marine marchande.

Jean Locquin proteste contre l'exclusion des travaux des établissements de Rochefort et de Guérigny.

Séance du 9 juin. — Ce jour où commence la discussion du programme naval, qui comprend la construction de 5 cuirassés, 6 éclaireurs, 12 torpilleurs, *Bouisson* demande le renvoi à la Commission, du projet bâclé et mal étudié.

Séance du 10 juin. — *Bouisson* soutient sa demande de renvoi, qui s'inspire de la défense des intérêts généraux du pays, qui va être grevé d'une charge nouvelle de un milliard 400 millions.

Paul-Boncour indique qu'au lieu de surarmer sur terre et sur mer, il faut poursuivre le désarmement de l'Allemagne et réduire le nôtre.

La motion de renvoi *Bouisson-Canavelli* est repoussée par 429 voix contre 131. *Socialistes et communistes votent le renvoi avec quelques radicaux.*

Jean Locquin soutient son amendement réservant les constructions aux établissements de la marine, la fabrication devant être interdite à l'industrie privée.

L'amendement est repoussé par 399 voix contre 131.

Ce sont les mêmes votants que dans le scrutin précédent.

Les socialistes votent un amendement de M. Balanant disant que la construction ne pourrait être accordée à l'industrie privée que si les établissements de la marine n'étaient pas en mesure de la faire.

Sur l'ensemble, *Bouisson* fait la démonstration que, loin de désarmer l'Allemagne, les gouvernants l'ont autorisée à construire des cuirassés et des croiseurs pour justifier à leur tour leur armement sur mer. Le programme naval ne répond pas aux nécessités de l'heure. Il est inadmissible qu'avec une armée de terre de 800.000 hommes on veuille encore dépenser des milliards pour une flotte de guerre. Les socialistes voteront contre.

L'ensemble est voté par 454 voix contre 104 voix socialistes, communistes et radicales.

Régions libérées

Séance du 18 avril. — *Basly,* dans la discussion des avances recouvrables, signale l'absence de programme de reconstitution des régions dévastées, cite des faits lamentables, fait connaître la déplorable situation financière des communes, réclame le remboursement des bons communaux.

Le ministre annonce le dépôt d'un projet.

François Lefebvre parle sur le gaspillage de la main-d'œuvre, sur le manque de literie, sur l'impossibilité pour les réclamants d'obtenir des renseignements et réclame plus de justice dans l'administration et la distribution des avances.

Deuxième séance du 19 avril. — *Inghels* proteste contre la spéculation des brasseurs sur les baux des maisons à usage de débit, contre la mauvaise répartition des crédits et les coefficients exagérés qui permettent aux grands entrepreneurs des bénéfices abusifs.

Ringuier parle sur la situation des prisonniers civils, les remboursements de bons communaux, et sur les abus qui se produisent dans la liquidation des stocks.

Deuxième séance du 20 avril. — *Ringuier* réclame les plans d'alignement des villes.

Deguise présente des suggestions au sujet du déblaiement des immeubles.

Cadot réclame des baraquements et proteste contre les expulsions de locataires.

Georges Barthélemy signale le mauvais état des baraquements servant d'écoles.

J. Lebas proteste contre la façon dont on a fait le classement pour les indemnités spéciales aux fonctionnaires.

Ringuier contre l'exclusion des douaniers de la mesure relative aux indemnités de zone.

Cadot réclame de nouveaux crédits pour les victimes civiles.

Ringuier intervient sur le remboursement des prêts aux villes par les commerçants.

Troisième séance du 21 avril. — *Ringuier* intervient en faveur des petits sinistrés, les économies devant être faites sur les gros.

Ringuier combat l'amendement Calary de Lamazière qui semble frapper de suspicion le sinistré et dont la disjonction fut votée.

Projet de loi, modifié par le Sénat, relatif aux paiements de primes aux surfaces ensemencées en blé dans les régions dévastées.

Deuxième séance du 1er juillet. — *Ringuier* signale certaines exagérations d'évaluation et réclame le contrôle des déclarations et de l'emploi.

Goniaux réclame une discrimination et une prime supérieure en faveur des terres dont la remise en état a nécessité des travaux supplémentaires.

Projet de loi établissant un régime transitoire pour la perception des impôts dans les régions dévastées.

Deuxième séance du 9 juillet. — *Goniaux* demande l'exonération de l'impôt sur les salaires.

Ringuier demande que les dispositions bienveillantes du projet ne s'appliquent qu'aux seuls commerçants établis avant-guerre afin de ne pas en faire profiter les mercantis.

Deuxième séance du 11 juillet. — *Ringuier,* dans la discussion d'un projet d'ouverture de crédits, manifeste son étonnement qu'il ne soit pas prévu le remboursement des bons communaux, ainsi que le remboursement du travail des prisonniers des Allemands.

Le scandale des régions dévastées

Deuxième séance du 3 juin. — *Inghels* avait déposé une demande d'interpellation qui vint le 3 juin. Il dénonça les scandales administratifs, la gabegie, le favoritisme, l'absence de contrôle sur les surcharges d'évaluation du chiffre de dommages. Il porta à la tribune des faits appuyant sa démonstration des irrégularités et illégalités dont il est fait usage en faveur des gros sinistrés au détriment des petits. Il dénonça le véritable privilège de l'organisation industrielle et financière qui draine les avances pécuniaires sur dommages et les fait fructifier à son profit.

Après que M. Loucheur eut calmé l'émotion de la Chambre, *J. Lebas* soutient l'ordre du jour déposé en conclusion du débat par les socialistes et réclama énergiquement la répression des abus scandaleux et un contrôle sévère de l'emploi véritable des avances.

L'ordre du jour était ainsi rédigé :

La Chambre, soucieuse — dans l'intérêt même de la reconstitution — de faire la lumière sur les faits apportés à la tribune, décide de constituer une Commission spéciale de 33 membres et passe à l'ordre du jour.

Il fut repoussé par 422 voix contre 138.

L'ordre du jour de confiance fut voté par 449 voix contre 68 socialistes et communistes.

Pour la protection du domaine national
Services maritimes postaux

Première séance du 29 avril. — *Bouisson* intervient pour protester contre la convention.

Deuxième séance du 29 avril. — *Bouisson* combat la convention non seulement parce qu'il est partisan de la flotte d'Etat, mais aussi parce que le système des primes est la cause essentielle de la décadence de notre marine marchande, les Compagnies subventionnées perdant toute initiative et ne recherchant pas le fret.

Les relations entre les colonies et la métropole assurées par une flotte d'Etat rendraient les plus grands services aux commerçants coloniaux et au profit du pays.

Le projet est voté. Les socialistes votent contre.

Convention des chemins de fer du Midi

Séance du 31 mai. — *Barthe* proteste contre l'approbation de cette convention qui augmente les tarifs de transport au moment où l'on en réclame la diminution.

Barthe intervient à deux autres reprises sur le même objet.

Jean Félix demande que 50 p. 100 de l'augmentation soient utilisés à l'amélioration de la navigation sur les canaux du Midi.

Il obtient promesse de satisfaction.

Les socialistes votèrent l'ajournement qui fut repoussé par 327 voix contre 216.

Deuxième séance du 24 juin. — Dans la discussion de la convention approuvant la location, par le ministre de la Guerre, de l'usine électro-technique de Lannemezan avec ses dépendances, *Léon Blum* protesta au nom du groupe socialiste, adversaire déterminé du dépècement et du lotissement de l'ensemble des richesses nationales concédées aux entrprises capitalistes, — aujourd'hui Lannemezan, demain les potasses, puis les phosphates —, alors qu'il conviendrait de créer un vaste service public d'engrais à prix coûtant pour les cultivateurs.

Par 435 voix contre 67 socialistes et communistes, la Chambre approuva la convention.

Liquidation de la flotte d'Etat

Deuxième séance du 7 juillet, Deuxième séance du 8 juillet, Première séance du 9 juillet. — *Compère-Morel* avait protesté à la deuxième séance du 4 juillet contre l'inscription à l'ordre du jour, comme *Bouisson* avait fait ajourner une première fois le projet de liquidation de la flotte d'Etat; les efforts des représentants des grands armateurs obtinrent la mise à l'ordre du jour avant la séparation.

Bouisson combattit le projet du gouvernement, répondit aux adversaires qui affirmaient que sa gestion avait été déplorable, absence de comptabilité et déficit de 500 millions. Il démontra que, d'après les mêmes chiffres du rapporteur, un autre orateur avait établi un bénéfice de 109 millions; que la comptabilité avait été, sur sa demande, instituée par les représentants du ministère des Finances, que les armateurs gérants de la flotte avaient saboté son rendement. Il rappela les services rendus aux colonies par la mise à la disposition d'un fret à meilleur compte que celui de l'armement libre.

Il démasqua les calculs des armateurs et les difficultés de liquider hâtivement et en bloc la flotte.

L'ensemble du projet n'en fut pas moins voté le 9 juillet par 412 voix contre 123, après que la motion d'ajournement — la veille — avait été repoussée par 397 voix contre 121.

La crise de chômage

Séance du 28 janvier. — *La Chambre discute les interpellations de J. Mouret, Aubry, Rognon, Inghels, Jules Uhry et Betoulle.*

Jean Mouret rappelle que ces interpellations attendent depuis deux mois et démontre que les crises de chômage sont un produit naturel de la société capitaliste. Il insiste sur la gravité de la crise présente et réduit à néant l'affirmation absurde que la loi de 8 heures est une des causes du chômage. Il propose des remèdes susceptibles de l'atténuer, car les crises ne disparaîtront qu'avec le régime lui-même.

A. Inghels développe son interpellation et signale les

manifestations qui se sont produites dans les régions frontières, étant donnée la situation des chômeurs dans cette région, où une réglementation de l'emploi de la main-d'œuvre étrangère s'impose, en accord avec les organisations syndicales.

Jules Uhry, après avoir analysé la situation de sa région où le chômage sévit, préconise l'ouverture de chantiers pour l'exécution de grands travaux d'utilité publique et dénonce la corruption des hautes couches sociales, alors que la misère sévit dans les milieux ouvriers.

Betoulle signale combien les socialistes ont raison de se refuse à opposer le prolétariat des villes aux travailleurs des campagnes; il apporte des faits et présente des suggestions et réclame le relèvement des crédits de participation de l'Etat aux caisses de chômage.

Aubry constate que le mal réside dans le régime lui-même par une production anarchique non organisée, non dirigée, non contrôlée selon les besoins de la consommation.

Vincent Auriol signale l'inutilisation de grands établissements de la guerre dont le matériel se détériore, alors qu'on pourrait le faire fonctionner pour la production des matières utiles à l'agriculture.

DEUXIÈME SÉANCE DU 11 FÉVRIER. — *E. Rognon* développe son interpellation, analyse la crise au point de vue mondial: les stocks détruits par la guerre, la diminution des ressources et des moyens de production; on a créé de nouvelles industries sans orientation pratique et on n'a pas su les utiliser au lendemain de la guerre. Une autre cause est la rupture des relations avec l'Orient, et il conclut en préconisant les solutions aperçues par les socialistes.

J. Lebas s'étend sur le chômage dans les villes industrielles, dénonce les bénéfices scandaleux des grands industriels et commerçants, et démontre comment le régime capitaliste laisse l'employeur profiter des situations en laissant l'ouvrier désarmé, avec des salaires rognés au moment des crises, alors que les bénéfices n'ont pas été limités. Il demande l'institution de fonds départementaux et communaux de chômage pour assurer le droit à la vie des travailleurs.

Betoulle informe la Chambre des institutions créées par

les élus socialistes à Limoges et indique qu'il est du devoir impérieux de l'Etat de subvenir aux caisses de chômage.

Saint-Venant parle, à son tour, sur le placement et donne des suggestions sur son organisation. Il développe un programme d'action et invite le ministre à prendre les initiatives qui s'imposent.

Séance du 8 mars. — *J. Mouret* et *E. Basly* interviennent pour signaler des renvois d'ouvriers, qui, huit jours après, reçurent des mêmes industriels des offres d'emploi à des salaires inférieurs.

Le Groupe socialiste avait déposé l'ordre du jour suivant, présenté par *Jean Mouret, Rognon, Jules Uhry, Betoulle, Aubry, Inghels* et *Lebas* :

La Chambre, constatant que la crise de chômage atteint toutes les industries françaises et s'étend sur tout le territoire ; qu'elle s'aggrave sans cesse sans qu'il soit possible de pronostiquer quelle sera sa durée et son intensité ;

Que, s'il est indiscutable que le régime économique aboutit infailliblement à des crises périodiques de chômage, dont on a tenté d'atténuer les effets en créant l'organisme permanent du fonds de chômage, il apparaît que, dans la situation présente de la France, qui a dix de ses départements à reconstituer et dont l'outillage économique demande une réfection générale, une pareille crise dénonce le profond bouleversement économique consécutif à la guerre ;

Que, d'autre part, cette crise met en pleine lumière la nocivité des lois fiscales votées par le Parlement dans l'année qui vient de s'écouler, lois qui, en frappant la consommation, ont déterminé une paralysie croissante de l'activité industrielle ;

Que le nombre des chômeurs croît sans cesse, que le coût de la vie aggrave la situation et plonge des populations entières dans une misère extrême ; que les caisses de chômage sont impuissantes avec leurs ressources actuelles à apporter un remède efficace à toutes ces souffrances ;

Demandant au gouvernement : 1° d'élever immédiatement à 75 p. 100 la contribution de l'Etat dans la constitution des fonds de chômage départementaux et municipaux ; 2° que les régions libérées aient à leur disposition les ressources nécessaires à l'œuvre de reconstitution ; 3° que le placement de la main-d'œuvre étrangère soit organisé en accord avec les syndicats ouvriers et la Confédération Générale du Travail ;

Demandant en outre qu'un programme général de grands travaux soit élaboré sans retard ;

Mais constatant que toutes ces mesures ne pourront apporter

qu'un remède insuffisant à la crise intense qui sévit en France, que le seul remède est dans une politique économique qui, répudiant les formes du passé, s'orientera vers des solutions hardies préparant l'avenir : nationalisation industrialisée, impôt sur le capital, repoussant toute addition, passe à l'ordre du jour.

Ce fut l'ordre du jour de confiance au gouvernement qui fut voté.

La question des loyers

DEUXIÈME SÉANCE DU 5 JUILLET. — *A. Inghels* réclame à la loi un caractère plus général et rappelle le projet *Paul-Boncour,* déposé au nom du Groupe, tendant à la création d'un Office national du logement, qui prenait à la fois la défense des locataires et du petit propriétaire. Il regrette que la Commission n'ait pas étudié le projet socialiste, et il s'élève contre les abus en régions libérées.

Jean Mouret ne croit pas que les belles paroles suffisent à la situation, qu'il examine en détail. Il analyse le projet Boncour ; il signale les spéculations illicites des grands propriétaires ; il cite des cas et démontre que, seul, le projet socialiste peut améliorer la situation.

PREMIÈRE SÉANCE DU 6 JUILLET. — *Betoulle* demande qu'on interdise les expulsions là où il n'y a pas de locaux disponibles, et que le droit de réquisition soit accordé aux préfets et aux maires.

DEUXIÈME SÉANCE DU 6 JUILLET. — *Dépôt du contre-projet* Levasseur, Paul Aubriot, Rozier, *Paul-Boncour Betoulle, Inghels, Pressemane, Mouret, F. Morin, Compère-Morel,* P. Dormoy *et* Marcel Cachin.

PREMIÈRE SÉANCE DU 7 JUILLET. — *La Commission, vu l'impossibilité d'aboutir, dépose un nouveau texte prorogeant provisoirement les régimes précédents jusqu'au 1er avril 1922.*

Après une demande de précision de *Pressemane,* le texte provisoire est voté, après que l'amendement Levasseur a été repoussé par 423 voix contre 125, socialistes et communistes votant pour.

Alimentation en pain

PREMIÈRE SÉANCE DU 23 AVRIL. — Dans la discussion de ce projet, qui crée la période transitoire en attendant la liberté du commerce, *Barthe* réclame la taxation des sons.

Deuxième séance du 23 avril. — *Jean Félix* signale des cas de spéculation sur la hausse des sons, par les intermédiaires de la meunerie, et suggère la diminution de la taxe sur les sons.

L'ensemble est adopté.

Première séance du 12 juillet. — *Sur l'article 6 du projet d'ouverture de crédits, relatif à la liquidation du compte « Alimentation nationale en pain », Compère-Morel* proteste contre l'augmentation des tarifs douaniers, les socialistes s'élevant contre l'abus des barrières économiques qui provoquent des représailles, et contribuent au renchérissement de la vie. Les socialistes veulent aider le producteur et non le vendeur, en mettant à la disposition des agriculteurs: engrais, semences, outils, à prix de revient. Il réclame une diminution sérieuse du prix du pain.

Les boissons hygiéniques

Deuxième séance du 17 juin. — *Barthe* réclame la discussion sur le projet relatif aux boissons.

Première séance du 4 juillet. — Dans la discussion de la loi de finances, *Barthe* défend son amendement réduisant les droits de circulation sur: le vin à 10 francs, dont 3 francs pour les communes et départements; le cidre à 5 francs, dont 1 fr. 50 pour les communes et départements; la bière à 1 fr. 50, dont 0 fr. 50 pour les communes et départements.

Après transaction avec la Commission, les droits sont ramenés à 12 francs pour les vins, 6 francs pour le cidre, 1 fr. 65 pour la bière.

Jean Félix soutient l'amendement déposé, avec *Vincent Auriol*, appliquant la réduction aux stocks des marchands non entreposés.

L'amendement est repoussé.

Première séance du 12 juillet. — *Barthe* regrette le vote du Sénat, refusant de suivre la Chambre, et la contraignant à voter cette amélioration insuffisante; il prend acte des déclarations du ministre au sujet de la réduction des tarifs de transports.

Le carburant national

Première séance du 17 juin. — *Dans la discussion sur la création d'un Office domanial de la Sarre, Barthe* en profite pour réclamer l'extraction des sous-produits de la houille, et notamment du benzol, utilisé par les moteurs, et qui pourrait devenir un carburant national.

Séance du 21 juin. — *Dans la discussion du projet relatif aux concessions gazières, qui prescrit la récupération des matières premières et sous-produits, Barthe* réclame du gouvernement des facilités pour les études et recherches favorisant les progrès de la chimie en France, et appuie son argumentation sur une comparaison entre ce qui a été fait jusqu'ici en France et en Italie.

Barthe fait adopter un amendement supprimant le paragraphe restrictif de l'article 2.

Première séance du 29 juin. — *Dans la discussion du projet relatif aux licences d'importation des huiles et essences de pétrole, Barthe* dépose et défend un amendement qu'il a signé avec Ch. Baron et Taurines, ainsi conçu :

Le ministre des Finances est autorisé à rétrocéder de l'alcool à 90° et au-dessus, à l'état pur, aux chimistes, inventeurs, constructeurs, en vue de l'étude dans les laboratoires et pour les essais pratiques d'un nouveau combustible, le carburant national.

L'amendement est adopté.

Première séance du 12 juillet. — *Dans la discussion du cahier d'ouverture de crédits, Barthe* reprend ses arguments au sujet du carburant national.

Chambres d'agriculture

Séance du 8 mars. — La Chambre avait voté, le 15 octobre 1919, une loi portant création de Chambres d'agriculture ; les grands terriens en demandaient l'abrogation.

Barthe dénonce la manœuvre des gros féodaux de la terre qui veulent remplacer la loi par une plus réactionnaire.

Séance du 10 mars. — *Compère-Morel* estime que la loi de 1919 n'est pas assez démocratique, qu'elle ne donne pas des garanties pour la représentation des salariés agricoles et des petits exploitants, mais le texte Gavoty les donne encore moins; les gros exploitants ne sont pas l'image ni ne peuvent être les représentants du monde rural.

Il demande que la composition des Chambres d'agriculture comprenne 1/4 d'ouvriers agricoles, 1/4 de petits cultivateurs, 1/4 de moyens cultivateurs et 1/4 de grands exploitants.

En attendant, il réclame la prorogation de la loi, et au gouvernement de déposer un projet plus clair et plus démocratique.

Finalement le délai d'application fut prorogé jusqu'au 31 décembre 1921.

Interpellation sur le trust de la meunerie

SÉANCE DU 11 MARS. — Parmi les interpellations déposées, celle de *Barthe*: 1° « sur les dangers que fait courir à la culture française et au ravitaillement en pain le trust de la meunerie »; 2° « sur les contrats de ravitaillement et notamment sur les marchés australiens ».

Barthe développe son interpellation. Il dénonce l'immoralité de l'affaire des Grands Moulins de Corbeil; l'accaparement des actions de diverses sociétés par M. Vilgrain pour aboutir au monopole capitaliste de la meunerie. Le monopole est inévitable, mais il est préférable qu'il s'exerce au profit de la collectivité plutôt qu'à celui des actionnaires.

Il cite les faits à l'encontre de M. Vilgrain profitant de sa qualité de sous-secrétaire d'Etat au Ravitaillement, abusant de son autorité, réservant des faveurs à ses moulins, origine de sa fortune scandaleuse, bénéficiant des marchés à l'étranger, décorant tous ses associés, entravant les enquêtes, paralysant les contrôleurs.

Vincent Auriol, répondant à une interruption de M. Léon Daudet, rappelle que le Parti socialiste avait proposé des textes frappant les profiteurs de guerre, révisant les marchés, reprenant les bénéfices; la majorité les repoussa, et M. Daudet était du nombre.

DEUXIÈME SÉANCE DU 18 MARS. — *Barthe* offre de faire la preuve, en Cour d'assises, de tous les faits qu'il a portés à la tribune, où il démontrera, comme il vient de le faire, que, pendant que la bataille faisait rage, il y avait des gens qui tripotaient et ne songeaient qu'à s'enrichir.

Barthe et *Alexandre Varenne* défendent leur ordre du jour. *Varenne* réclame la nomination d'une commission d'enquête.

L'ordre du jour *Barthe* est signé par *Ferdinand Morin, Inghels, Masson, J. Félix, Canavelli, Goniaux,* René Nicod, Charles Baron, André Berthon, Morucci; ces trois derniers ayant aussi déposé un ordre du jour analogue :

La Chambre, désireuse de faire toute la lumière sur les faits invoqués à la tribune, décide de nommer une Commission spéciale de 44 membres, avec les pouvoirs de la loi du 23 mars 1914, qui sera chargée de rechercher toutes les compromissions ou fautes dans le ravitaillement du pays en blé depuis 1914 et sera composée de onze membres désignés par la Commission de l'Agriculture, onze membres par la Commission des Finances, onze membres par la Commission des Marchés et onze membres par la Commission des Spéculations.

Elle invite le gouvernement à déposer sans retard un projet de loi tendant à organiser la minoterie en régie d'Etat, cet organisme jouissant de l'autonomie, constitué sur la base industrielle, afin de servir l'intérêt collectif de la nation en s'adaptant à tous les progrès indispensables au développement de l'industrie et passe à l'ordre du jour.

Jean Mouret propose d'ajouter à l'article la formule suivante :

Elle invite sa Commission du Suffrage universel à rapporter à bref délai la proposition de loi dont elle est saisie depuis le 23 mars 1920 et visant l'incompatibilité du mandat de ministre, député ou sénateur avec les fonctions d'administrateur ou d'avocat-conseil de sociétés financières, industrielles et commerciales en rapport d'affaires avec l'Etat et passe à l'ordre du jour.

Ce fut naturellement l'ordre du jour de confiance qui fut voté par 427 voix contre 89.

Les socialistes votent contre.

L'affaire des rhums

Deuxième séance du 16 février. — Au cours de la discussion sur les conclusions de la Commission des Marchés sur la réquisition des rhums, *Barthe* et *L. Escoffier* soulignent la complaisance coupable des fonctionnaires servant des intérêts privés au détriment de l'intérêt public.

Interpellation sur la liquidation des stocks

DEUXIÈME SÉANCE DU 15 AVRIL. — *Barthe* réclame des sanctions contre les fonctionnaires dont les agissements coupables sont révélés au cours de l'interpellation.

DEUXIÈME SÉANCE DU 22 AVRIL. — *Barthe* rappelle son intervention, qui empêcha la décoration d'un fonctionnaire compromis.

L'ordre du jour Candace invitant le gouvernement à réprimer impitoyablement toutes les fautes et tous les abus fut voté par 283 voix contre 215. Les socialistes et les communistes votèrent pour.

Le krach de la banque industrielle de Chine

DEUXIÈME SÉANCE DU 8 JUILLET. — *M. Outrey demande la fixation de la date de son interpellation. Barthe* insiste sur l'urgence qu'il y a à vider ce débat et dénonce la collusion entre la politique et la haute finance après l'incident G. Leygues relatif à l'envoi d'un télégramme ni signé, ni vu par lui.

Barthe proteste à nouveau contre le scandale qu'il y a à voir des diplomates, dont il cite les noms, mêlés aux affaires financières.

Le débat fut renvoyé.

Interpellation sur les catastrophes de chemin de fer de Limoges

SÉANCE DU 29 MARS. — *Betoulle* développe son interpellation, rappelle d'abord tous les accidents de chemins de fer et recherche les causes : mauvais état du matériel, machines avariées, wagons non réparés, révocation d'un personnel compétent et remplacement par des ouvriers inexpérimentés. Il conclut en demandant qu'il soit mis un terme à cette situation.

Betoulle relève les affirmations osées du ministre au sujet de la loi de 8 heures, qui n'aurait aucune répercussion fâcheuse si on n'avait pas renvoyé 15.000 cheminots expérimentés.

L'ordre du jour de confiance fut voté à mains levées.

Interpellation sur l'indemnité de cherté de vie aux retraités

Séance du 3 juin. — Dans la discussion de l'interpellation de M. Bouyssou sur le rétablissement de l'indemnité de cherté de vie aux retraités civils et militaires, *E. Rognon* proteste contre l'insuffisance des crédits, inscrits dans le budget de la guerre, qui ne peuvent donner satisfaction aux petits retraités.

Interpellation sur la Conférence Caillaux à Grenoble

Première séance du 24 mars. — M. Dugueyt, député réactionnaire de Grenoble, interpelle sur la conférence Caillaux. *P. Mistral* met les choses au point, signale la déconvenue des réactionnaires dont l'opération ratée a provoqué une manifestation populaire et républicaine.

Le débat est clos sans ordre du jour.

Question sur les pensions des marins et pêcheurs

Séance du 28 janvier. — *Masson* questionne le sous-secrétaire d'Etat à la Marine marchande au sujet de l'application de la loi du 31 décembre 1920 sur les pensions de la Caisse des Invalides et de la Caisse de Prévoyance et défend les revendications des inscrits maritimes.

Le ministre déclare qu'il tiendra le plus grand compte des revendications exposées par *Masson* et des décisions du Congrès des gens de mer.

Adoption de propositions de résolutions

Première séance du 31 mars. — La Chambre adopte un projet de loi *Deguise* concernant la modification du tarif des douanes applicables à la broderie.

Deuxième séance du 20 avril. — La Chambre vote un projet de résolution de *Georges Barthélemy* sur l'utilisation des bois coloniaux.

Deuxième séance du 29 juin. — *Goniaux* réclame la

discussion de sa proposition de résolution invitant le gouvernement à hâter le vote par le Sénat de la loi relevant le montant des rentes dont bénéficient certaines catégories d'accidentés de travail.

La Conférence des Présidents sera saisie pour la mise à l'ordre du jour.

DEUXIÈME SÉANCE DU 30 JUIN. — *Goniaux* indique qu'il aurait désiré un débat sur sa proposition de résolution, afin de pouvoir faire entendre au Sénat l'urgence qu'il y a à voter la loi.

DEUXIÈME SÉANCE DU 4 JUILLET. — La proposition *Goniaux* ci-dessus est adoptée sans débat.

Interpellations socialistes renvoyées à des dates ultérieures

FÉVRIER. — *Auriol, Blum,* sur la politique financière et fiscale du gouvernement.

SÉANCE DU 29 AVRIL. — La Chambre se sépare à la veille de l'échéance du 1er mai (traité de Versailles) et sans avoir examiné le problème financier renvoyé après le budget.

Elle renvoie sa séance au 19 mai par 452 voix contre 123. *Tous les socialistes votent contre le renvoi au 19 mai, sauf une abstention.*

A plusieurs reprises et dans diverses discussions, les socialistes réclament les débats sur le problème financier.

DEUXIÈME SÉANCE DU 17 JUIN. — *Bracke, Uhry* et *Auriol* réclament la mise en tête de l'ordre du jour des interpellations sur la politique financière.

Le maintien de l'ordre du jour sans la modification proposée fut voté par 369 voix contre 179.

DEUXIÈME SÉANCE DU 26 AVRIL. — *Jules Uhry* et *Locquin* demandent à interpeller sur les moyens que compte employer le ministre pour préserver de l'incendie les richesses artistiques du château de Compiègne.

Jules Uhry, sur la date, laisse toute responsabilité des risques au ministre, qui obtient le renvoi.

SÉANCE DU 31 MAI. — *Bracke, Aubry, Locquin, Valière* demandent à interpeller le ministre de l'Instruction publique *sur sa circulaire du 18 mai 1921 contestant la liberté d'opinion du personnel enseignant.*

Séance du 16 juin. — *Bracke* essaie de faire mettre à l'ordre du jour l'interpellation ci-dessus, ainsi que celle déposée par A. Blanc, le 3 juin, sur le même sujet.

Séance du 1er juillet. — *Bracke* insiste à nouveau pour que la Chambre fixe une date rapprochée pour la discussion de ces interpellations. Il n'est pas suivi par la Chambre.

Deuxième séance du 29 juin. — *Henri Laudier* demande à interpeller sur les licenciements d'ouvriers dans les établissements de guerre. Le ministre réclame le renvoi qui est accepté par *H. Laudier* sur la promesse qu'en attendant il n'y aura pas de nouveaux licenciements.

Deuxième séance du 1er juillet. — *Georges Barthélemy* demande au ministre de hâter les conclusions de l'enquête pour que la Chambre puisse, à bref délai, discuter l'interpellation qu'il a déposée avec *Lobet* sur les catastrophes de chemins de fer et les responsabilités encourues.

Questions diverses

Première séance du 24 mars. — Sur l'article 10 (assistance aux familles nombreuses), *Betoulle* observe qu'il est préférable de ne rien accorder que de donner une poussière de secours. Il réclame le relèvement des taux d'allocation et proteste contre la part trop augmentée à la charge des budgets communaux.

Séance du 13 avril. — *Groussier* et *Varenne* interviennent au sujet de la fausse interprétation de la loi électorale par les réactionnaires qui tentent de faire renvoyer la validation de l'élection de la Haute-Savoie.

La motion de renvoi est repoussée par un scrutin à la tribune par 175 voix contre 145. Les socialistes présents dans la salle votent contre le renvoi proposé par le royaliste Guibal.

Taxe sur le chiffre d'affaires

La discussion sur le projet remaniant la taxe sur le chiffre d'affaires commence à la séance du 31 mai. Le débat se poursuit aux séances du 2 juin (deuxième séance), 14 juin, 16, 21, 22 (matin et soir), 24 et 28 juin.

Séance du 21 juin. — *J. Lebas* combat l'article 4 modifiant l'article 82 qui a pour résultat d'imposer le chiffre d'affaires des coopératives de consommation jusqu'à ce jour exonérées.

Canavelli, Vincent Auriol et *Pressemane* appuient l'argumentation de *Lebas.*

Première séance du 23 juin. — *Compère-Morel* souligne le pataugeage de la Chambre pour équilibrer cette insuffisante solution fiscale, alors que par le prélèvement sur le capital le déficit aurait pu être couvert et par suite, le budget plus facilement équilibré.

Deuxième séance du 23 juin. — *L'amendement Nicod exonérant les coopératives est repoussé par 438 voix contre 132. Tous les socialistes le votent.*

Bracke intervient en faveur d'un amendement Denise dont l'adoption démontrerait l'iniquité de la loi.

Deuxième séance du 30 juin. — *Pressemane* réclame l'indulgence et pas de pénalités excessives contre les contrevenants du passé.

Barthe demande qu'il ne soit pas établi de privilège pour les vins coloniaux.

Première séance du 2 juillet. — *Bouisson* intervient contre l'application aux seuls particuliers acheteurs de tableaux et objets d'art et non aux marchands qui sont dégrevés de la moitié de la taxe, ce qui facilite la spéculation.

Goniaux défend l'amendement dont il est signataire avec *Deguise, Escoffier, F. Lefebvre,* etc., exonérant les bateliers artisans propriétaires du bateau qu'ils conduisent eux-mêmes.

L'amendement est adopté.

Vincent Auriol combat l'ensemble au nom du groupe. Il rappelle que lors de l'institution de la taxe sur le chiffre d'affaires, le groupe socialiste l'avait combattue et soutenu un contre-projet (prélèvement sur le capital, impôt sur la richesse, nationalisations, etc....) ; il fit ressortir et l'injustice et l'iniquité de cet impôt, l'hérésie économique de cette fiscalité étroite qui gêne la circulation des richesses et paralyse l'essor de la production.

L'ensemble fut voté par 434 voix contre 119 socialistes, communistes et radicaux.

Le Budget 1921

Budget de l'Agriculture

Première séance du 27 janvier. — Dans la discussion générale, *Barthe* parle sur les avances et subventions aux coopératives agricoles dont il faut favoriser le développement.

Deuxième séance du 27 janvier. — *Compère-Morel* proteste contre l'avarice du budget de l'Agriculture — 160 millions seulement, sur un budget total de 25 milliards. Il analyse les chapitres trop maigrement dotés et réclame l'aide de la collectivité nationale aux petits agriculteurs.

Compère-Morel conteste les affirmations d'un grand agrarien et indique que ce n'est pas avec des subventions qu'il convient de relever l'agriculture, mais avec un enseignement agricole sérieux, des améliorations rurales importantes, etc...

Barthe parle en faveur de l'Institut international d'Agriculture de Rome.

Barthe intervient en faveur du développement de la motoculture.

Première séance du 1er février. — Sur le chapitre 30, *Compère-Morel* soutient la proposition Theveny-Plissonnier tendant à rétablir le crédit du chapitre réduit par la Commission. Il demande que les Offices agricoles puissent disposer de fonds pour accroître et améliorer le rendement.

Combattu par le ministre des Finances, *Compère-Morel* insiste à nouveau et finalement la Commission cède : 22 millions de relèvement, dont 17.200 aux offices départementaux, 2 millions 400.000 francs aux offices régionaux et 2 millions pour les recherches scientifiques.

Sur le chapitre 35, *Goniaux* appelle l'attention sur la situation du personnel subalterne de l'école nationale agricole de Douai.

Le ministre lui donne satisfaction.

Sur le même chapitre, *Barthe* pose trois questions : la première relative aux dispositions à prendre pour faciliter les prêts et le développement de l'électricité à la ferme ; la deuxième, si le ministre est prêt à diminuer le taux des prêts à courts termes; la troisième, au sujet des prêts à longs termes aux ouvriers agricoles mobilisés et anciens combattants.

Jean Félix appuie les observations de *Barthe* et souligne que sur le chapitre (Crédit agricole), 131 millions sont disponibles sur un total de 261.

Le ministre ne donne pas satisfaction en ce qui concerne les prêts à longs termes, mais est prêt à s'engager dans la voie indiquée par les deux autres questions.

Deuxième séance du 1er février. — Sur le chapitre 57 (personnel et inspection de la répression des fraudes), *Barthe* manifeste sa surprise de la diminution du crédit. Ce service devrait au contraire être développé en vue de toujours mieux protéger la santé publique.

Sur le même chapitre, *Barthe* attire l'attention sur les fraudes qui se pratiquent sur les engrais et autres matières premières et signale des cas d'incurie inadmissibles.

Le ministre promet la vigilance de l'administration à l'avenir.

Barthe et *Félix* font voter un amendement rétablissant le crédit du gouvernement réduit par la Commission.

Première séance du 3 février. — Sur le chapitre 80, *Compère-Morel* demande pour quelles raisons quatre ingénieurs du génie rural résident à Paris, alors que leurs circonscriptions en sont éloignées de plusieurs centaines de kilomètres.

Il demande une organisation rationnelle et pratique substituée aux ronds-de-cuir.

La réponse du ministre est évasive.

Sur le chapitre 83 (travaux hydrauliques et génie rural), *Compère-Morel* demande le rétablissement du crédit de 200.000 francs rognés par la Commission et signale les améliorations à obtenir, le remembrement à poursuivre, la perte de temps occasionnée par les 145 millions de parcelles en France, alors que dans les autres pays le remembrement s'opère sur une grande échelle, permettant les assolements uniformes, supprimant les déplacements multiples, etc., etc...

Dans la même séance, *Compère-Morel* dénonce les grands agrairiens qui, eux, n'ont pas besoin du secours de la collectivité pour améliorer leurs terres. *Devant l'assurance du rapporteur que la Commission est disposée à entrer dans la voie indiquée, il retire son amendement.*

Sur le chapitre 90, *Compère-Morel* parle au sujet de l'indemnité exceptionnelle de cherté de vie au personnel...

Sur le chapitre 93, *Goniaux* demande les raisons qui font que l'école d'agriculture de Douai n'est pas comprise dans les répartitions du pari mutuel.

Le ministre promet.

Sur le chapitre 110, *J. Locquin* estime que l'Etat devrait tirer parti lui-même des forêts et assurer l'explcitation des coupes de bois par des coopératives ouvrières. *Laudier* appuie les observations de *Locquin.*

Le ministre ne peut promettre que d'étudier les suggestions.

Sur le chapitre 113, *Barthe* démontre l'intérêt qu'il y a à poursuivre l'effort fait pour la destruction des animaux nuisibles aux récoltes.

Budget des Affaires étrangères

Deuxième séance du 26 février. — Sur le chapitre 37, *Barthe* proteste contre le fait que l'ambassadeur français à Washington aurait exclu de sa table les vins français.

Le ministre répond qu'il ne croit pas que cela soit exact.

Sur le chapitre G. du budget extraordinaire (haut-commissariat de la République en Syrie et Cilicie), *Léon Blum* appuie énergiquement, au nom du groupe, l'amendement de M. Daladier (proposant l'ajournement de la discussion de ce chapitre), rappelle l'opposition du groupe socialiste à l'expédition en Orient, et enregistre que les conclusions que le groupe apportait l'an dernier tendant au retrait des troupes sont aujourd'hui celles de tout le pays.

L'amendement est repoussé par 342 voix contre 186.

Léon Blum défend ensuite un amendement du Groupe tendant à réduire le crédit, avec l'indication donnée par ses précédentes explications, et aussi pour affirmer le droit de contrôle des dépenses (contrôle inexistant).

L'amendement Blum est repoussé par 345 voix contre 193.

Deuxième séance du 9 juillet. — Dans la discussion du projet: *Ouverture de crédits au budget 1921, Blum* s'élève contre la procédure irrégulière qui consiste à ne saisir la Commission des Finances que par de simples lettres du ministre au lieu du dépôt régulier de cahiers de crédits. Il proteste en ce qui concerne les crédits pour l'armée du Levant. Le ministre avait demandé 336 millions à ajouter aux 456 déjà votés, la Commission a ramené à 280 millions.

Deuxième séance du 11 juillet. — Dans la discussion des articles au chapitre E-32, *Léon Blum* défend l'amendement du groupe tendant à réduire le crédit à 100 millions ; il réclame avec force la fin de l'aventure de Cilicie, la paix définitive avec les Turcs et le retrait immédiat des troupes françaises d'Orient.

L'amendement est repoussé par 422 voix contre 110 socialistes, communistes et radicales.

Chemins de Fer de l'Etat

Deuxième séance du 25 février. — En l'absence du rapporteur (E. Lafont), *A. Varenne* relève les critiques fantaisistes de M. Tattinger contre le personnel.

Première séance du 26 février. — *A. Varenne* et *Léon Blum* répondent aux critiques des députés réactionnaires de l'Ouest et leur demandent d'avoir le courage de proposer l'aliénation du réseau de l'Etat aux grandes compagnies ; ils démontrent que le déficit provient surtout des dépenses nécessitées par la réfection de l'ancien réseau racheté de l'Ouest.

Budget des Colonies

Deuxième séance du 22 février. — Sur le chapitre premier, *Georges Barthélemy* parle de la pénurie du personnel dans les grandes colonies comme l'A. O. F., sur l'amélioration des traitements et la nécessité d'intensifier l'instruction des indigènes en vue de leur donner l'accès à certaines fonctions.

Sur le chapitre 37, *Georges Barthélemy* préconise l'organisation d'un service d'hygiène et d'assistance médicales.

Sur le chapitre 47, *Georges Barthélemy* signale l'état déplorable des chemins de fer aux colonies, réclame une meilleure utilisation de crédits, qui ne doivent pas être surtout employés à la construction de pavillons luxueux pour le directeur des chemins de fer.

Sur le chapitre 48, *Georges Barthélemy* intervient, à deux reprises différentes, pour soutenir un amendement qu'il a signé avec *Goude, Moutet,* etc., relevant le crédit pour des études et essais des bois coloniaux.

L'amendement est repoussé par 373 voix contre 171.

BUDGET DES FINANCES

PREMIÈRE SÉANCE DU 11 FÉVRIER. — Dans la discussion générale, *Canavelli* demande quelles mesures de sécurité sont prises pour assurer les agents du Trésor contre les agressions.

Au cours de la même séance, *Canavelli* oppose aux allégations de M. Bokanowski le démenti du syndicat et l'attitude loyale des syndiqués.

PREMIÈRE SÉANCE DU 15 FÉVRIER. — Dans la discussion générale, *Barthe* souligne, à plusieurs reprises, l'irresponsabilité et l'immoralité des administrations, dont l'une frappe un fonctionnaire, alors qu'une autre le fait bénéficier de l'avancement.

DEUXIÈME SÉANCE DU 15 FÉVRIER. — *Canavelli* parle en faveur d'une amélioration de la situation des employés entrepositaires de tabac, poudres, etc...

Il obtient satisfaction.

Barthe demande qu'on prenne des mesures pour empêcher l'évasion des hauts fonctionnaires s'embauchant dans les grandes sociétés de crédit, passant au service de ceux qu'ils contrôlaient précédemment.

Barthe signale encore les difficultés pour les petits fonctionnaires d'obtenir leur changement.

Le ministre fait des promesses.

François Lefebvre s'élève contre les différences inadmissibles de traitements établies dans de mêmes régions.

Plet appuie et réclame l'égalité.

Promesse du ministre.

Sur le chapitre 58, amendement Baron demandant la suppression des sous-secrétaires d'Etat, Vincent Auriol appuie en demandant la suppression des fonctions inutiles et une réorganisation générale des services et leur simplification.

L'amendement n'est pas voté.

Sur le chapitre 137, *Barthe* réclame l'institution d'une

caisse commune où les contribuables pourraient verser leurs divers impôts.

Le ministre promet satisfaction prochaine.

Budget de l'Hygiène et Assurances sociales

Première séance du 10 février. — Sur le chapitre 26 (Personnel du service sanitaire maritime), *Canavelli* insiste, à trois reprises, en faveur du relèvement du traitement *et fait adopter* le renvoi à la Commission, pour une nouvelle étude.

Sur le chapitre 32 (Construction d'écoles pratiques), *P. Mistral* demande, qu'à l'avenir, le dérisoire crédit de 300.000 francs soit considérablement relevé.

Budget de l'Instruction publique et des Beaux-Arts

Première séance du 16 février. — Dans la discussion générale, *Sembat* parle sur la situation des musées nationaux et compare celle du personnel, inférieure à celle des musées étrangers.

Séance du 17 février. — Sur le chapitre 25 (Subvention aux théâtres nationaux), *Paul-Boncour* déclare que les socialistes ne s'opposeraient pas à la subvention, à la condition que l'on ne renouvelle pas les représentations de l'Opéra où l'on a mêlé les souvenirs de la guerre à des plaisirs de carnaval.

Sembat obtient satisfaction, dans la même séance, en ce qui concerne les musées nationaux.

J. Locquin proteste contre le maintien des services du ministère des Régions libérées dans le palais de Compiègne où ils font courir des dangers à l'édifice (incendie, détériorations, etc...).

Promesse du ministre.

J. Locquin réclame un inventaire des richesses d'art que possède la Nation.

H. Laudier réclame la remise en place des vitraux de la cathédrale de Bourges.

Il obtient satisfaction.

Deuxième séance du 18 février. — Sur le chapitre 15 (Inspecteurs d'Académie), *J. Locquin* pose une question au sujet de l'indemnité non accordée aux inspecteurs pourvus de l'agrégation.

Sur le chapitre 21 (Personnel Université de Paris), *J. Locquin* signale l'injustice commise dans la révision des traitements et réclame la disjonction. *Léon Blum* proteste contre l'oubli des fonctionnaires de l'enseignement supérieur dans la péréquation et réclame une réponse d'ensemble.

Promesse pour l'an prochain.

Moutet réclame l'institution d'une troisième chaire de chimie à la Faculté de Lyon et d'une chaire d'esthétique à la Sorbonne; *Bracke,* la réfection des laboratoires de chimie et de physique à l'Ecole des Hautes-Etudes.

Aubry proteste contre l'intention du gouvernement d'élever les droits de diplôme.

Première séance du 19 février. — Sur le chapitre 74 (Instituts de France), *Bracke* proteste contre le manque de convenance de l'Académie française vis-à-vis de l'Académie de langue française de Belgique.

Sur le chapitre 36, *Bracke* fait adopter un relèvement du crédit des professeurs à l'Ecole des Hautes-Etudes.

Barthe et *Aubry* protestent avec vigueur contre les suppressions d'écoles laïques (123 dans 77 départements non envahis).

Deuxième séance du 19 février. — Sur le chapitre 13, *Aubry* soutient son amendement en faveur des maîtres-répétiteurs, dont il demande l'assimilation.

L'amendement est adopté.

Sur le chapitre 15, *Aubry* défend l'égalité de traitement pour les inspecteurs primaires et les directeurs d'écoles normales, soit une augmentation de 1.200 francs pour les premiers.

500 francs sont accordés par le vote d'un amendement de M. Avril.

Moutet parle en faveur des instituteurs intérimaires de l'Afrique du Nord; *Canavelli* demande que l'on remédie à l'infériorité résultant, pour les instituteurs, de leur mobilisation.

Moutet en faveur des chargés de cours; *Aubry* pour que les instituteurs détachés dans les établissements secondaires reçoivent satisfaction.

Moutet obtient satisfaction en faveur des surveillantes générales des lycées de jeunes filles.

Première séance du 21 février. — Sur le chapitre 163, *J. Locquin* demande que l'allocation de 100 francs aux médaillés de l'enseignement primaire soit porté à 200 fr.

Renvoyé à l'an prochain.

Sur le chapitre 164, *Aubry* demande que la pension soit immédiatement servie aux instituteurs mis à la retraite.

Sur le chapitre 167, *Locquin* demande une augmentation des subventions aux communes construisant des écoles.

Le ministre répond que le crédit suffira.

Sur le chapitre 169, *Locquin*, sur les réparations urgentes à faire à beaucoup de collèges et sur les réparations du château de Compiègne.

Sur le chapitre 175, *Aubry*, sur les inconvénients résultant du décret du 24 juillet 1917 (Traitements alloués aux instituteurs en disponibilité par suite de réforme de guerre).

Le ministre promet de réviser le décret.

Deuxième séance du 27 avril. — Dans la discussion du budget retournant du Sénat, *Jean Locquin*, sur les traitements du personnel de l'enseignement, demande, par voie d'amendement, à la Chambre, de reprendre les textes qu'elle a voté en février.

Aubry insiste, disant qu'il est inadmissible qu'on vote des centaines de millions aux expéditions ruineuses et des milliards aux aventures, des millions aux grands industriels, alors qu'on lésine sur les traitements des instituteurs.

Bracke appuie l'amendement et demande au Sénat de s'incliner à son tour devant la Chambre.

L'amendement Locquin-Lafont est repoussé par 292 voix contre 216.

Aubry soutient son amendement en faveur des répétiteurs.

L'amendement est repoussé.

Aubry demande qu'on réalise dans l'échelle d'avancement de classe la péréquation qu'on n'a pu réaliser dans les traitements.

Deuxième séance du 29 avril. — Dans la discussion du budget retournant à nouveau du Sénat, *J. Locquin* proteste contre le vote du Sénat, refusant de faire entrer en ligne de compte, pour la retraite, les augmentations de traitement des membres de l'enseignement.

Le ministre explique qu'ils bénéficieront des avantages de la loi du 25 mars 1920.

Sur l'article 58, *J. Locquin fait réparer un oubli préjudiciable aux directeurs.*

Budget de l'Intérieur

Séance du 25 janvier. — *J. Uhry* demande la suppression des fonds secrets (Chap. 40).

L'amendement socialiste est repoussé par 455 voix contre 74, presque tous socialistes et communistes.

Barthe réclame des subventions pour les réparations aux chemins ruraux des communes où se sont abattus des orages et des cyclones.

Première séance du 24 février. — Dans la discussion générale du budget d'Alsace-Lorraine, *J. Uhry* proteste contre l'entretien d'agents secrets en Alsace-Lorraine, et contre l'analogie frappante entre le régime du gouverneur et celui du statthalter. Il réclame la suppression du Haut-Commissaire, les Alsaciens-Lorrains demandant à vivre la même vie que les autres départements français.

Il relève les gaspillages administratifs.

Deuxième séance du 24 février. — *J. Uhry* prend acte des déclarations du Commissaire du gouvernement, qu'il ne s'agit que d'un régime transitoire en Alsace-Lorraine.

J. Uhry soutient son amendement supprimant les agents secrets.

L'amendement est repoussé.

Sur les chemins de fer alsaciens-lorrains, *H. Laudier* réclame la création de relations transversales entre Strasbourg et Bordeaux.

Il obtient satisfaction.

Budget de la Justice

Séance du 25 janvier. — *Barthe* s'élève contre la bienveillance inexplicable dont font preuve certains tribunaux à l'égard des contrevenants à la loi sur la Répression des fraudes.

Paul-Boncour parle sur la crise de la magistrature, sur le recrutement des magistrats et sur la nécessité de réviser les traitements.

Budget de la Guerre

Deuxième séance du 24 février. — Dans la discussion générale, *H. Laudier* souligne l'aggravation des charges militaires qui sont en augmentation sur l'exercice précédent (1.594.664.326 francs, chiffres du gouvernement); puis il réclame l'utilisation des ateliers de la Guerre pour la fabrication et la réparation du matériel roulant. Il proteste contre la liquidation des pensions, les renvois de personnel, etc...

H. Laudier insiste une deuxième fois pour que les vieux ouvriers n'attendent pas 18 mois la liquidation de leur pension.

Première séance du 25 février. — Sur le chapitre 34, *Goniaux* proteste contre la substitution de la main-d'œuvre civile dans certains établissements où on licencie le personnel.

Deuxième séance du 25 février. — Sur le chapitre 44, *E. Rognon* fait connaître les injustices relatives à l'inégalité de traitement entre le personnel civil de l'Intendance et celui de l'Artillerie.

Promesse que satisfaction sera donnée.

Sur le chapitre 46, *H. Laudier* parle sur la prétention de l'Intendance de ne pas payer aux villes les droits des halles sur les viandes frigorifiées.

Le ministre s'en occupera.

Sur le chapitre E-10 (Service de l'Artillerie), *un amendement de Vincent Auriol, rétablissant un crédit de 15 millions (Personnel), est adopté.*

Budget de la Marine militaire

Deuxième séance du 23 février. — Dans la discussion générale, *Goude* s'élève conre l'idée de limiter le nombre des arsenaux et la suppression de certains.

Ces établissements industriels peuvent facilement transformer leur production, le matériel et l'outillage modernes dont ils sont pourvus représentant un capital qu'il ne faut pas laisser péricliter. Ils peuvent construire des cargos, des bâtiments de commerce, des machines agricoles. Les bâtiments construits par l'Etat reviennent meilleur marché et sont plus solides, l'industrie privée travaillant surtout en vue du bénéfice.

Il termine son intervention (après avoir parlé du personnel à ne pas renvoyer) en faisant l'éloge des marins de la mer Noire dont l'attitude se justifie par la guerre inconstitutionnelle qu'on voulait leur faire faire, et il sollicite la clémence pour eux.

Jean Locquin proteste contre les suppressions envisagées d'arsenaux dont l'utilité est liée aux programmes de constructions, et dont la suppression est profitable à l'industrie privée et non à la collectivité nationale. Il réclame une enquête avant la suppression.

Sur le chapitre premier, *Goude* réclame l'indemnité de résidence pour les agents techniques.

Sur le chapitre 12, *Goude* s'associe, pour d'autres raisons, à la réduction du crédit réclamé, dans un but chauvin, par M. A. Lefèvre. Les socialistes donneront à leur vote de l'amendement la signification qu'ils sont contre les dépenses militaires, le gouvernement ne faisant rien pour aboutir au désarmement.

Goude intervient pour rappeler que les socialistes veulent le maintien des arsenaux pour une production de paix.

L'amendement Lefèvre, retiré par son auteur, et repris par Morucci, est soutenu par J. Uhry; il est repoussé.

Goude réclame un amendement de crédit en faveur des employés retraités remplissant leurs obligations militaires.

Sur le chapitre 14, *Goude* fait adopter son amendement réduisant le crédit proposé pour remplacer les gardiens des arsenaux par des gendarmes.

Sur le chapitre 15, *Goude* réclame l'assimilation des instituteurs de l'Ecole des Pupilles (pour les indemnités) aux autres instituteurs.

La question sera examinée.

Sur le chapitre 23, *Goude* proteste contre la suppression de crédits pour renvoi du personnel auxiliaire.

Sur le chapitre 26, *Goude* réclame le projet de loi modifiant les pensions des agents techniques, qui permettrait la réduction des fonctionnaires.

Première séance du 24 février. — Sur le chapitre 41, *Goude* réclame une seule catégorie, en ce qui concerne le personnel des officiers d'administration, des commis et écrivains.

La question sera étudiée.

Sur le chapitre 50, *Goude* proteste contre le crédit qui concerne des dépenses secrètes.

Son amendement, réduisant le crédit, est repoussé.

Sur le chapitre 54, *Goude* soutient l'amendement *Locquin,* demandant le rétablissement du crédit pour développer l'industrie d'Etat (arsenaux).

Sur le même chapitre, *Goude* dénonce le patriotisme intéressé des industriels de guerre.

L'amendement *Locquin* est repoussé par 405 voix contre 141.

Budget de la Marine marchande

Deuxième séance du 10 février. — Sur le chapitre 23 (Matériel et dépenses diverses des pêches), *Canavelli* réclame des bateaux pour la suppression de la pêche à la dynamite.

Il obtient satisfaction.

Postes, Télégraphes, Téléphones

Deuxième séance du 21 février. — Dans la discussion générale, *Canavelli* invite le sous-secrétaire d'Etat à reprendre la collaboration avec les représentants du Syndicat national, dont les suggestions compétentes intéressent le service.

Il signale le nombre réduit de meubles téléphoniques, que l'augmentation des taxes a abouti à une diminution du trafic : 22 p. 100 pour les postes, 15 p. 100 pour les télégrammes et 12 p. 100 pour les téléphones, les taxes étant devenues prohibitives. Le matériel est usé, périmé, le central insuffisant. Il est indispensable de créer des lignes télégraphiques protégées comme en Angleterre et en Allemagne ; d'éviter les télégrammes postalisés, de réparer les câbles sous-marins. Enfin, il signale la situation des facteurs-receveurs, qui doit s'améliorer.

Première séance du 22 février. — *Masson* analyse également les causes de la crise postale et signale les améliorations urgentes et les réformes à faire ; il souligne le dévouement du personnel et indique que le déficit est largement couvert par la gratuité accordée aux autres administrations. Il s'élève contre la routine paperassière, développe le programme de réformes et donne la solution par l'autonomie de la régie postale et la suppression des franchises. Il appelle l'attention sur les agents des classes 11-12-13.

Canavelli s'élève contre les allégations du rapporteur, tendant à affirmer que les postiers ne travaillent que cinq à six heures par jour; il démontre le contraire.

Canavelli réclame la réparation des câbles avec l'Afrique du Nord.

DEUXIÈME SÉANCE DU 22 FÉVRIER. — Sur le chapitre 15, *Canavelli* réclame des engagements fermes pour avoir, au prochain budget, le projet d'amélioration à l'étude.

Le sous-secrétaire d'Etat promet.

Sur le chapitre 16, *Canavelli* demande où en sont les promesses en ce qui concerne les agents mobilisés des classes 11-12-13.

Le ministre répond que le projet sera incessamment déposé.

Jean Mouret fait prendre le même engagement en ce qui concerne les monteurs et agents des téléphones.

Masson réclame en faveur des agents des classes antérieures à 1911.

Le ministre promet un projet d'ensemble.

Sur le chapitre 18, *Canavelli* proteste contre les promesses non tenues en ce qui concerne les facteurs-receveurs.

La Commission rapportera.

Sur le chapitre 21, *Canavelli* et *Masson* demandent le rétablissement du crédit pour indemnités de déménagement et frais de régies, rachat de mobilier, et l'augmentation de l'indemnité de gérance.

L'Administration s'en préoccupe: quasi-promesse.

Sur le chapitre 24, *Masson* demande le rétablissement du crédit de 100.000 francs pour l'hôtel des postes de Quimper.

Le crédit sera suffisant.

BUDGET DU TRAVAIL

PREMIÈRE SÉANCE DU 8 FÉVRIER. — Sur le chapitre 15 (Subvention aux Caisses de secours contre le chômage involontaire), *L. Ringuier* demande au ministre quelles sont les solutions en ce qui concerne le chômage dans les régions libérées.

Le ministre s'engage à activer la création des Caisses de chômage.

Sur le chapitre 44, *Goniaux* réclame au lieu du paiement trimestriel des retraites des mineurs, le paiement mensuel et l'autorisation par les percepteurs de payer sans le visa du receveur des Finances. Il proteste contre la violation de la loi, en ce qui concerne le paiement d'arrérages aux veuves de retraités.

Budget de Travaux publics

Première séance du 9 février. — Sur le chapitre 29 (Personnel de la navigation intérieure), *J. Locquin* attire l'attention sur la situation des cantonniers de la navigation et demande que leur traitement de début soit égal à celui des assimilés.

Sur le chapitre 63 (Routes et ponts), observations de *Locquin*, qui a parlé sur la question au chapitre précédent.

Le rapporteur de ce budget était Alexandre Varenne.

Loi de Finances

Première séance du 28 février. — Dans la discussion générale, *Betoulle* rappelle le vote de la loi du 25 juin 1920, limitant à 30 p. 100 du revenu net l'ensemble des contributions grevant la propriété foncière et la situation pénible qu'il en résulte pour les communes privées de ressources.

Barthe s'élève contre les droits abusifs sur les boissons hygiéniques.

Betoulle insiste pour qu'on facilite aux communes la possibilité de trouver des ressources.

Léon Blum indique qu'il parlera sur la question des avances recouvrables, et demande que l'ensemble de la situation budgétaire, financière et fiscale, soit portée à cette occasion devant la Chambre.

Deuxième séance du 28 février. — *Groussier* présente diverses observations sur le règlement.

Moutet défend un amendement substituant aux conseils de préfecture 26 tribunaux administratifs, et proteste contre la prétendue réforme administrative qui abandonne la suppression des sous-préfets et ne réforme rien.

Son amendement est repoussé.

Sur l'article 47, *Moutet* intervient pour avoir des précisions en ce qui concerne la suppression éventuelle des conseils de préfecture.

Sur l'article 53, *Canavelli* demande qu'on étende le bénéfice des congés spéciaux proposés pour les membres du corps enseignant, à toutes les administrations.

A l'étude pour l'année prochaine.

Sur l'article 40, *Blum* fait une observation de détail sur les attachés militaires de la chancellerie nommés au concours.

L'ensemble du budet est voté par 490 voix contre 65 (scrutin n° 273, du 28 février).

51 socialistes contre 2 abstentions.

DEUXIÈME SÉANCE DU 25 AVRIL. — *Le budget retournant du Sénat, Masson* proteste contre les nouvelles réductions de crédit sur le budget des P. T. T. apportées par le Sénat, réductions qui compromettent le bon fonctionnement du service.

Masson signale la gravité de l'acte commis par le ministre en signant une convention relative à la T. S. F. sans en informer le Parlement.

DEUXIÈME SÉANCE DU 26 AVRIL. — *E. Rognon obtient satisfaction en ce qui concerne le remplacement de la main-d'œuvre militaire par la main-d'œuvre civile dans les établissements de l'Intendance, états-majors, etc...*

PREMIÈRE SÉANCE DU 27 AVRIL. — *Bouisson* demande et obtient la disjonction de l'article 33 de la loi de finances clôturant les comptes relatifs à la flotte d'Etat, étant donné le projet concernant la liquidation.

DEUXIÈME SÉANCE DU 27 AVRIL. — *L'ensemble du budget est voté par 439 voix contre 67. Tous les socialistes votent contre.*

DEUXIÈME SÉANCE DU 29 AVRIL. — *Bouisson,* dans la discussion de *budget retourné à nouveau,* réclame la disjonction de l'article 33 qu'il a déjà fait disjoindre par la Chambre.

La disjonction est repoussée par 354 voix contre 157.

L'ensemble du budget est voté par 459 contre 64.

Crédits provisoires 1/12e (*Mars*)

Deuxième séance du 26 février. — *Tous les socialistes votent contre* (Scrutin n° 270 du 26 février : *468 pour, 68 contre*).

Crédits provisoires 1/12e (*Avril*)

Séance du 30 mars. — *Voté par 407 voix contre 66; 49 membres du groupe votent contre, 2 abstentions et 2 en congé* (Scrutin n° 288 du 30 mars).

Deuxième séance du 31 mars. — Crédits provisoires d'avril retour du Sénat.

Votés par 468 voix contre 63; 49 socialistes votent contre, 2 abstentions et 2 en congé (Scrutin n° 291 du 31 mars).

Ouverture de crédits au budget spécial de dépenses irrécouvrables

Séance du 30 mars. — Ce cahier comprend les allocations aux petits retraités, les pensions et les avances aux régions dévastées.

Jules Uhry rappelle les offres du concours américain à la Confédération Générale du Travail pour assurer les réparations dans les régions dévastées, la conférence entre la Fédération française du Bâtiment et la Centrale syndicale des travailleurs allemands de la même corporation, l'accord intervenu pour le concours des travailleurs allemands payés au tarif syndical. Il dénonce les trafics et les bénéfices scandaleux des grandes entreprises. Il oppose le projet socialiste défendu par *Vincent Auriol*.

Jean Lebas répond aux députés bourgeois, Philipotteaux et Crespel, qui se sont élevés contre l'emploi de la main-d'œuvre allemande. Il se place au point de vue national qui ne sépare pas l'intérêt des régions sinistrées de celui du pays. Il insiste sur les résultats rapides qu'on pourrait obtenir dans la réparation des pays dévastés si on acceptait les solutions proposées par la classe ouvrière.

Séance du 12 avril. — *Barthe* proteste contre l'introduction dans ce budget d'un texte abrogeant la surtaxe sur les genièvres.

Barthe demande au ministre à quel moment viendra en discussion sa proposition de loi tendant à réduire les droits de circulation sur les boissons hygiéniques.

Le ministre parle d'aller enquêter dans les régions viticoles.

Barthe insiste à nouveau pour avoir une meilleure réponse en indiquant les charges qui grèvent abusivement les boissons hygiéniques.

Vincent Auriol annonce le dépôt d'un projet de résolution sur les réparations.

Deuxième séance du 14 avril. — *Aubry* demande le relèvement des crédits sur les pensions pour que les taux soient en rapport avec le coût de la vie et la révision des titres ainsi que le paiement des rappels d'arrérages.

E. Rognon signale la situation lamentable des familles des décédés, demande qu'on délivre plus rapidement les titres définitifs et la création d'un compte spécial d'avances proportionnelles.

Moutet proteste contre les Commissions de réforme qui ne font plus jouer la présomption.

Betoulle demande la modification de l'article 55 de la loi des pensions, afin de combler la lacune en ce qui concerne les vieux parents des soldats atteints d'aliénation mentale.

E. Rognon insiste à nouveau sur la liquidation des arrérages.

Aubry réclame l'égalisation des salaires du personnel des sections régionales, des centres spéciaux avec les autres services.

Séance du 18 avril. — *Basly* et *François Lefebvre* parlent sur les régions libérées (Voir chapitre spécial).

Deuxième séance du 19 avril. — *Inghels* et *Ringuier* parlent sur les régions libérées (Voir chapitre spécial).

Deuxième séance du 20 avril. — *Deguise, Ringuier, Cadot, Georges Barthélemy, J. Lebas* parlent sur les régions libérées (Voir chapitre spécial).

Troisième séance du 21 avril. — *Ringuier* intervient au sujet des régions libérées (Voir chapitre spécial).

L'ensemble du projet est voté à mains levées.

Séance du 31 mai. — Le budget d'avances recouvrables revient du Sénat. *L. Escoffier* soutient la disjonction de l'article 26 qui est repris par la Commission de la Chambre.

La disjonction est maintenue.

PROJET DE LOI RELATIF AUX CONTRIBUTIONS DIRECTES IMPOSITIONS COMMUNALES ET DÉPARTEMENTALES 1922

DEUXIÈME SÉANCE DU 1er JUILLET. — *Léon Blum* soutient la motion déposée avec *Delory* au nom du groupe tendant à ajourner la discussion. Il indique que le Parlement ne peut se séparer sans avoir discuté le problème financier promis depuis des mois ; sans avoir réglé définitivement la question des loyers dont les ajournements successifs ne peuvent se perpétuer, sans avoir réglé la situation des retraités, accidentés du travail, la question des cheminots, etc...

L'ajournement est repoussé par 419 voix contre 91. Tous les socialistes et communistes votent contre.

Dans la discussion générale, *Betoulle* signale la répercussion fâcheuse sur les budgets du paragraphe de l'article premier de la loi du 25 juin 1920, prescrivant qu'en cas de dépassement du 30 p. 100 du revenu net servant de base à l'établissement de la contribution foncière, ce sont les parts des communes et du département qui s'en trouvent réduites.

Auriol appuie *Betoulle* et démontre ce qu'un véritable impôt sur le revenu permettrait aux budgets de s'équilibrer aisément.

Dans la discussion des articles, *Betoulle* défend une disposition additionnelle du groupe tendant à suspendre la mise en vigueur des paragraphes 2 et 3, article 47 de la loi du 31 juin 1917, modifié par l'article premier de la loi du 25 juin 1920.

L'amendement Betoulle est voté par 323 voix contre 219. Socialistes et communistes votent pour.

L'ensemble du projet est voté par 423 voix contre 18. Les socialistes et les communistes s'abstiennent.

Interpellations socialistes déposées et non encore discutées

20 janvier : De *Saint-Venant*, sur le repos hebdomadaire, le travail de nuit dans les boulangeries et les attributions des inspecteurs du travail.

27 janvier (2e séance) : de *Paul-Boncour*, sur le refus opposé par l'Union des industries métallurgiques et minières à la demande de contrôle ouvrier formulée par la Fédération ouvrière des Métaux.

Rapports déposés par des membres du Groupe

2059. — 27 janvier: *Alexandre Varenne,* au nom de la Commission des Finances, sur le budget des travaux publics.

2161. — 17 février: *Lebas,* au nom de la Commission des Finances, sur le budget de l'Imprimerie nationale.

2166. — 19 février: *Uhry,* de la Commission des Assurances sociales, sur le projet de loi sur les caisses minières de secours en Alsace-Lorraine.

2167. — 19 février: *Uhry,* de la Commission des Assurances sociales, sur le projet de loi sur les délégués à la sécurité des ouvriers mineurs en Alsace-Lorraine.

2221. — 26 février; *Rognon,* au nom de la Commission de l'Armée, sur la réorganisation du corps des adjudants maîtres armuriers.

2336. — 17 mars: *Ringuier,* au nom de la Commission des Douanes, sur la proposition Deguise sur les droits sur les broderies en douane.

2684. — 26 mai: *Mistral,* au nom de la Commission de l'Armée, sur le déclassement d'une partie de la place de Mostaganem.

2691. — 31 mai: *Barthe,* au nom de la Commission des Douanes, sur la proposition de loi Guichard, sur la prohibition de l'importation en France et en Algérie des plants et des boutures de vignes.

2767. — 10 juin: *Pressemane,* au nom de la Commission des Assurances, sur la proposition de résolution Goniaux concernant les victimes des accidents du travail.

2782. — 14 juin: *Rognon,* au nom de la Commission des Boissons, sur le projet de loi concernant le régime fiscal des boissons hygiéniques.

2922. — 29 juin: *Mistral,* au nom de la Commission de l'Armée, sur le projet de loi portant déclassement de l'enceinte de Constantine.

2923. — 29 juin: *Mistral,* au nom de la Commission de l'Armée, sur le projet de loi portant le déclassement de la place de Colmars (Basses-Alpes).

2966. — 3 juillet: *Uhry,* au nom de la Commission d'Alsace-Lorraine, sur le projet de loi relatif à l'introduction, dans les départements du Bas-Rhin, du Haut-Rhin et de la Moselle, de la loi sur le jury.

3016. — 7 juillet : *A. Varenne,* au nom de la Commission des Finances, sur la proposition de résolution Barthe sur le carburant national et sur la participation officielle de l'Etat à la démonstration organisée par les associations betteravières et viticoles de France.

3017. — 7 juillet : *Varenne,* au nom de la Commission des Finances, sur le projet de loi relatif à l'extension et à l'amélioration du port de Rouen.

3018. — 7 juillet : *Varenne,* au nom de la Commission des Finances, sur le projet de loi relatif à l'extension et à l'amélioration du port de Nantes.

3041. — 8 juillet : *Barthe,* au nom de la Commission de l'Agriculture, sur le projet de loi tendant à compléter la loi du 4 août 1903 réglementant le commerce des produits empiriques anticryptogamiques.

3059. — 9 juillet : *Masson,* au nom de la Commission des Travaux publics, sur la protection du personnel des P. T. T. contre la tuberculose.

Propositions de lois déposées par le Groupe

2070. — 28 janvier : *Ferd. Morin,* tendant à modifier l'article 8 de la loi du 5 avril 1910 sur l'assistance aux vieillards, infirmes, incurables (renv. à la Commission d'Assurances et de Prévoyance sociales).

2091. — 4 février : *Aubry.* — Crédit de 400.000 francs au profit des chômeurs de Fougères.

2112. — 11 février : *Basly.* — Reprise des exploitations minières par l'Etat.

2150. — 16 février : *Delory.* — Mise à la charge de l'Etat des indemnités dues pour le logement des familles privées d'abri par suite des événements de guerre dans les pays envahis.

2316. — 12 mars : *Paul-Boncour.* — Création d'un Office national de Placement.

2440. — 1er avril : *Rognon,* concernant l'administration de l'armée.

2591. — 29 avril : *Chaussy,* tendant à étendre à l'agriculture la loi sur les Conseils de Prud'hommes.

2614. — 30 avril: *Goniaux.* — Relèvement des rentes attribuées aux victimes des accidents du travail.

2683. — 27 mai: *Laudier.* — Autonomie financière et individuelle du Groupe des établissements et construction de l'Artillerie.

2757. — 10 juin: *F. Morin,* tendant à remédier à la crise du logement.

2901. — 29 juin: *Chaussy.* — Suppression du couchage à la paille dans les établissements agricoles.

2952. — 2 juillet: *Valière.* — 1° Révision par tribunal spécial de toutes les décisions des Conseils de guerre et Cours martiales pendant la guerre; 2° Réhabilitation des victimes des exécutions commises sans jugement; 3° Fixation des réparations à accorder aux condamnés ou à leurs familles.

2968. — 3 juillet: *Barthe,* concernant les incompatibilités législatives.

3050. — 9 juillet: *Goude-Locquin-Masson.* — Modification de la loi du 25 mars 1920 sur les majorations de pensions.

Propositions de résolutions du Groupe

2023. — 23 janvier: *Henri Laudier,* tendant à inviter le gouvernement à présenter un projet de loi modifiant l'article 14 de la loi de finances relatif à l'imposition des officiers à la contribution mobilière (renv. à la Commission des Finances).

2034. — 23 janvier: *J. Lobet,* tendant à la nomination de 5 membres de la Commission des Travaux publics et de 5 membres de la Commission du Travail, en vue d'enquêter sur la production dans les grandes compagnies de chemins de fer.

2087. — 16 février: *Jean Félix.* — Prolongation du délai accordé aux familles des soldats morts pour la France pour réclamer le bénéfice relatif à la restitution et au transport des corps.

2464. — 13 avril: *Deguise.* — Maintien des allocations et secours temporaires accordés aux réfugiés et rapatriés.

2465. — 13 avril: *Vincent Auriol,* d'engager négociations diplomatiques en vue de hâter l'œuvre des réparations.

2877. — 24 juin : *Mistral.* — Désarmement général et simultané de toutes les nations.

Propositions de lois signées par un ou plusieurs membres du Groupe

2029. — 21 janvier : *G. Barthélemy.* — Mobilisation immédiate de la créance française sur l'Allemagne.

2173. — 23 février : *Couteaux.* — Caisses départementales assurances populaires.

2278. — 9 mars : *Basly.* — Modification des articles 159, 161 et 164 du *Code du Travail,* sur le travail dans les mines.

2279. — 9 mars : *G. Barthélemy.* — Exonération de toutes taxes, au profit de l'Etat, des pauvres ou municipalités, les spectacles, cinémas des régions dévastées.

2316. — 14 mars : *Barthe.* — Réduction du droit de circulation sur les boissons hygiéniques.

2383. — 25 mars : *Rognon.* — Modification article 244 du Code civil, concernant le divorce.

2491. — 14 avril : *Deguise.* — Prorogation des lois relatives au logement et à l'installation des réfugiés et rapatriés.

2519. — 19 avril : *Inghels* et *Ringuier.* — Création d'un régime spécial des loyers pour les régions libérées.

2529. — 21 avril : *G. Barthélemy,* concernant les membres de l'enseignement aux colonies.

2629. — 20 mai : *Uhry.* — Etablissement de taxes sur introduction en France de pigeons voyageurs d'origine étrangère et sur lâchers de pigeons.

2697. — 1er juin : *G. Bart' le' y.* — Exonération des droits de douane à l'arrivée en F .nce des bois de toutes espèces en provenance du Cameroun.

289'. — 29 juin : *Barthe.* — Vote crédits aux agriculteurs.

3005. — 7 juillet : *Deguise.* — Institution d'un crédit batelier.

3028. — 8 juillet : *Deguise* et *Ringuier.* — Création de commissions spéciales pour l'examen des dommages de guerre intéressant la collectivité.

3036. — 8 juillet : *Claussat.* — Ouverture de crédits pour agriculteurs victimes des orages.

2967. — 9 juillet : *E. Barthe.* — Demande de crédits pour agriculteurs victimes des orages.

3074. — 9 juillet : *Valière.* — Demande de crédits pour agriculteurs victimes des orages.

Propositions de résolutions signées par un ou plusieurs membres du Groupe

2035. — 20 janvier : *Betoulle,* etc. — Relèvement à 75 p. 100 du montant de la participation de l'Etat dans les dépenses de secours de chômage à la charge des communes.

2096. — 16 février : *Lefebvre-Goniaux-Delory-Lebas,* etc. — Droit au costume, lors de leur libération, aux militaires de la classe 19, originaires des pays envahis.

2134. — 16 février : *Rognon.* — Bénéfice des indemnités pour charges de famille à tout le personnel auxiliaire, temporaire de l'Etat, dès deux mois de service.

2136. — 16 février : *G. Barthélemy.* — Interdiction du démontage de la voie ferrée reliant Arras à Saint-Pol-sur-Ternoise.

2189. — 21 février : *Rognon-Masson,* etc. — Amélioration des pensions militaires et institution de retraites pour anciens combattants.

2219. — 24 février : *Barthe-Couteaux,* etc. — Modification du nom de la Commission des Douanes en ajoutant « et conventions commerciales ».

2258. — 4 mars : *G. Barthélemy.* — Invitation au gouvernement à liquider, par priorité, les pensions des victimes de la guerre, aux originaires des régions libérées.

2532. — 21 avril : *Barthe.* — Amélioration de la situation de la viticulture et du commerce des boissons.

2797. — 17 juin : *E. Barthe.* — Organisation de la mise au point expérimentale de la formule du carburant national et participation des services intéressés de l'Etat au concours de Béziers organisé par les associations betteravières et viticoles de France.

2908. — 29 juin : *Barthe.* — Maintien de 5 p. 100 de la dose de métylène assurant la dénaturation de l'alcool.

Imp. " L'Union Typographique " Villeneuve-Saint-Georges. 716-21

www.ingramcontent.com/pod-product-compliance
Ingram Content Group UK Ltd.
Pitfield, Milton Keynes, MK11 3LW, UK
UKHW020151220726
13923UKWH00001B/475

9 782329 087740